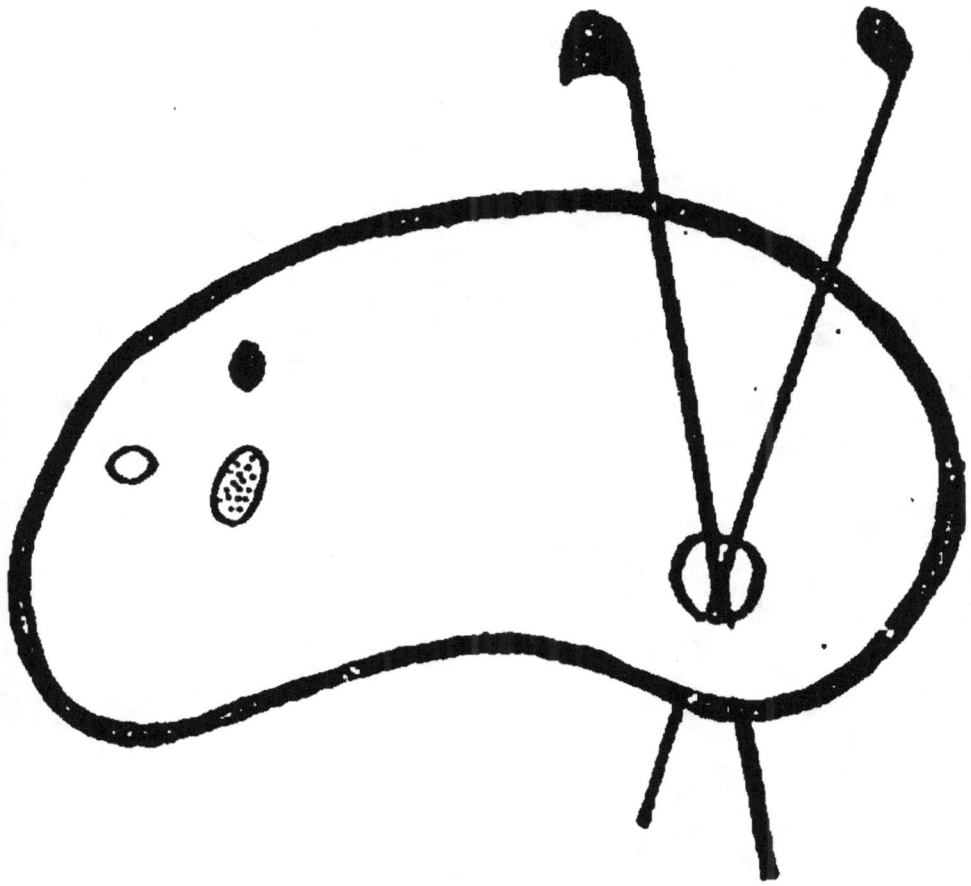

DEBUT D'UNE SERIE DE DOCUMENTS
EN COULEUR

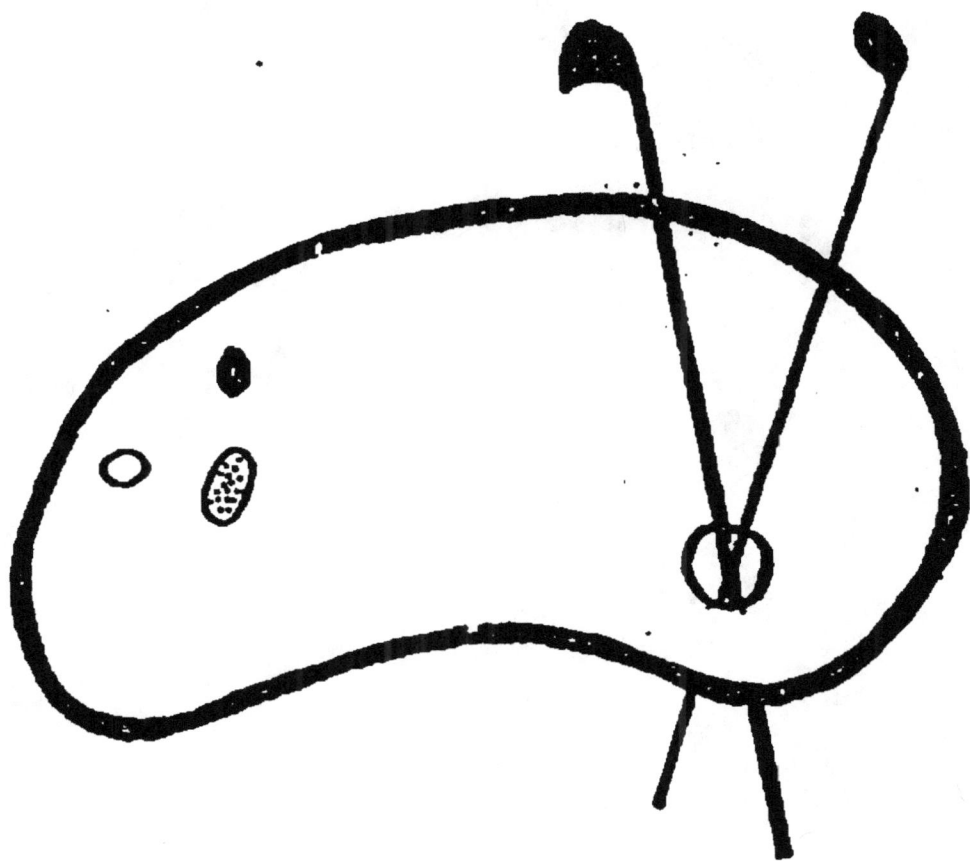

FIN D'UNE SERIE DE DOCUMENTS
EN COULEUR

DE L'ANIMAL
A L'ENFANT

PRINCIPALES PUBLICATIONS PSYCHOLOGIQUES
DU MÊME AUTEUR

La genèse des Instincts. — (Étude expérimentale.) Un vol. de la *Bibliothèque de philosophie scientifique*, 1912.

Le dressage des Animaux. — Firmin-Didot, 1895. Un vol. illustré de cent dessins. (Honoré d'une souscription du Ministère de l'Instruction publique et traduit en allemand par Marschall von Bieberstein. Otto Klemm, Leipzig, 1898.)

Examen psychologique des Animaux. — Schleicher, 1900. (Traduit en allemand par Friedrich Streissler. E. Ungleich. Leipzig.)

Le mécanisme de l'entendement. — A. Ghio, 1885.

Les desiderata de la psychologie zoologique. — Schleicher, 1901.

Le mystère du pigeon voyageur. — Schleicher, 1903. (Travail de l'Institut de psychologie zoologique.)

Le principe des automorphoses. — Schleicher, 1906.

Théorie et applications psychologiques du dressage. — (Conférence présidée par M. Ed. Perrier, directeur du Muséum.) Institut général psychologique, 1909.

La psycho-physique et la notion de tropisme. — Institut général psychologique, 1908.

Les actes signaux et la physiologie comparée du système nerveux. — Institut général psychologique, 1908.

Des erreurs chez les animaux. — Institut général psychologique, 1901.

Le dressage des chiens sauveteurs. — (Rapport à M. le Préfet de Police). Institut général psychologique, 1907.

Compte rendu d'expériences de psychologie zoologique. — (Congrès international de Rome.) Forzani, 1905. Rome.

Quelques expériences nouvelles sur le pigeon voyageur. — (Congrès international de Genève.) Kündig, 1910. Genève.

DE L'ANIMAL

A

L'ENFANT

PAR

P. HACHET-SOUPLET

Directeur de l'Institut de psychologie zoologique

PARIS

LIBRAIRIE FÉLIX ALCAN

108, BOULEVARD SAINT-GERMAIN, 108

—

1913

DE L'ANIMAL A L'ENFANT

INTRODUCTION

La psychologie animale a été considérée pendant de longues années comme la partie la moins sérieuse des traités de zoologie. Elle n'offrait d'ailleurs aucune précision. Les rares renseignements que l'on possédait sur les sens des animaux, sur la plasticité relative de leurs instincts et l'étendue de leur intelligence proprement dite étaient vagues et ne reposaient que sur des anecdotes ou des enquêtes ne présentant aucune garantie d'exactitude. Au point de vue expérimental, seules les études de physiologie comparée du système nerveux trouvaient grâce devant les savants. Et cependant la méthode de détermination des « centres nerveux » manquait, elle aussi, de base.... ; telle qu'on la concevait, elle ne pouvait conduire à aucune conclusion psychologique. On admire souvent de confiance la phrase que Descartes écrivait à Mersenne : « J'anatomise les têtes de divers animaux pour expliquer en quoi consistent l'imagination, la mémoire... »

Or le principe est excellent, mais à condition de n'être pas employé seul. Car comment l'anatomiste pourrait-il affirmer que tels organes, telles parties d'organe correspondent à telles « facultés », ou plutôt que tel phénomène se passe dans tels éléments organiques, s'il n'a pas auparavant constaté l'existence de ce phénomène chez l'animal, en interprétant ses actes ? A défaut de cette observation objective d'actes psychiques, il n'est possible de discerner dans un cerveau, que des cellules nerveuses et leurs cylindres-axes. On n'y découvre ni l'imagination, ni la mémoire ; et, avant d'anatomiser, il faut donc observer les réactions des êtres vivants et, au besoin, les provoquer expérimentalement.

C'est là que semblait être la principale difficulté, surtout quand il s'agissait d'animaux supposés dangereux ou indociles ; et c'est sur ce point que se concentrèrent les efforts de l'*Institut de psychologie zoologique* fondé il y a quelque douze ans (1). Son programme comprenait l'application de plusieurs méthodes expérimentales se complétant l'une l'autre, permettant l'exploration des sens, des instincts, de l'intelligence proprement dite et offrant ce caractère commun de livrer l'animal à la complète disposition de l'expérimentateur parce que toutes s'aidaient plus ou moins du *dressage*. Les unes l'employaient seulement comme moyen d'assouplissement, de mise en

_____

(1) *L'Institut de psychologie zoologique* a été la première société fondée pour l'étude expérimentale des animaux.

main (nous verrons des applications de ce procédé dans l'étude des sensations) ; les autres consistaient à étudier les phénomènes mêmes que mettent en lumière les différents modes de dressage.

Dans ce second cas, mes collègues et moi-même paraissions aux yeux de ceux qui jugent superficiellement — soit qu'ils manquent de pénétration, soit qu'ils aient quelque intérêt à s'en tenir aux apparences — nous rapprocher des dresseurs professionnels ; et l'on n'a pas manqué de nous le reprocher avec autant d'aigreur que d'injustice.

Assurément, c'est de préférence en l'instruisant que nous observons l'animal ; nous n'avons cependant en vue ni la difficulté, ni le brillant de ses exercices ! Un sujet peut exécuter un mouvement difficile ou non, soit parce qu'il a *compris* ce qu'il avait à faire, soit simplement parce qu'il y est contraint ; et aucun caractère de ce mouvement ne révélera cette distinction, tandis que le fait d'avoir pu enseigner l'acte le plus simple par des moyens qui excluent les possibilités d'association inconsciente, par des moyens qui s'adressent manifestement à l'intelligence, peut assurément servir à discerner l'existence de cette « faculté ». C'est donc le mode d'éducabilité et non la qualité des exercices des animaux dressés qu'il est intéressant de considérer. On peut faire un raisonnement analogue à propos de l'enfant : ce ne sont pas les succès scolaires qui sont nécessairement la marque de l'intelligence, mais bien l'aptitude à apprendre en raisonnant. C'est pourquoi tant d'élèves couronnés ne font que des hommes médiocres. MM. Binet et Simon, qui ont tenté de classer les intelligences individuelles de nombreux écoliers ont parfaitement compris ce principe et se sont basés, comme nous l'avions fait en classant des animaux(1), sur la plus ou moins grande aptitude à *recevoir* l'éducation.

Nous envisagions donc la psychologie zoologique sous un angle tout autre que celui des dresseurs professionnels du cirque... Nous regardions les phénomènes du côté où la trame psychique se tisse, tandis que le dresseur ordinaire ne s'inquiète que de l'effet à produire et dissimule soigneusement les moyens (souvent très simples) qu'il emploie pour les obtenir. Lui aussi s'appuie assurément sur des phénomènes parfaitement naturels (comment échapperait-il aux lois de la nature ?) ; mais il change intentionnellement leur « aspect » en cachant les véritables ressorts des actes de ses élèves ; il crée une illusion en ne livrant pas ses « secrets ». Le même reproche peut être adressé aux dresseurs amateurs de l'école de M. Van Osten (1904) qui firent tant de bruit en Allemagne et piquèrent la curiosité par de savantes dissimulations. En présentant leurs animaux comme des « merveilles », comme des créatures géniales (capables, par exemple, d'extraire des racines cubiques), en niant contre l'évidence et malgré la belle démonstration de Pfungst, l'existence d'un simple « truc », ils ont agi de la façon la plus capable de discréditer les études de dressage scientifique.

(1) *Le Dressage des animaux* (1895).

C'est, au contraire, répétons-le, l'analyse constante des moyens efficaces d'éducation qui devait fixer notre attention. Cette distinction, à la quelle nous tenons essentiellement, n'a pas toujours été faite, et nous protestons vivement à ce sujet contre la façon, un peu tendancieuse, dont certains auteurs ont présenté nos travaux. Nous avons cependant souvent rappelé, au cours de nos conférences, une image qui nous paraît exprimer assez nettement nos idées sur ce point. La voici : Une fleur en papier coloré, vue de loin, est à coup sûr trompeuse ; elle crée une illusion, parce qu'elle se révèle incomplètement à nous ; mais prenons cette fleur fausse, procédons à son analyse chimique, elle va devenir scientifiquement intéressante, non pas comme fleur, mais comme papier et teinture ! Le dressage trompeur du cirque est, lui aussi, très instructif, très digne d'être analysé ; mais il faut commencer par détruire l'illusion que les montreurs de bêtes ont intérêt à créer. Ainsi, prenez un chien « calculateur », étudiez son dressage ; vous découvrirez, d'abord, qu'il ne calcule pas le moins du monde ; vous pourrez, ensuite, en l'observant, trouver de nouvelles lois des associations simples. C'est du reste ainsi que nous avons pu discerner la *loi de récurrence* associative dont il sera longuement parlé dans ce livre. Voilà le point de vue scientifique duquel on doit, selon nous, envisager le dressage ; et c'est ce principe qui, au moment de la fondation de l'*Institut de psychologie zoologique* (1901) avait tout particulièrement séduit des philosophes et des savants comme MM. Barrier, le docteur Bérillon, Ed. Claparède, E. Haeckel, E. Marey (qui fut notre premier président), Ed. Perrier, Th. Ribot, le docteur Toulouse, H. de Varigny, etc., qui consentirent à faire partie de notre comité de fondation et, plus tard MM. Y. Delage et A. Giard qui se rallièrent à nos idées.

En dehors du « dressage scientifique », les programmes du nouvel Institut comprenaient tout un plan expérimental ; et les méthodes que l'on comptait pouvoir appliquer largement à la ménagerie du *Muséum* auraient permis de récolter un grand nombre de faits psychiques, de pratiquer des investigations dans tous les départements de la « psychologie zoologique (1) » (c'est d'ailleurs à cette époque que l'expression fut créée). Malheureusement le grand mouvement qui se préparait en 1901 en faveur de l'étude expérimentale des animaux supérieurs fut extrêmement ralenti du jour où l'on se heurta à la difficulté, plus apparente que réelle, de concilier d'une part les droits incontes-

---

(1) Dans son ouvrage sur *la Nouvelle Psychologie animale* M. G. Bohn n'a pas précisé les dates d'apparition des procédés maintenant en usage en psychologie animale. L'ordre de ses chapitres *laisse supposer* que nous avons suivi M. Thorndike et M. G. Bohn lui-même. Pour lui, nous avons publié nos premiers travaux de psychologie animale « Il y a environ dix ans ». Son ouvrage ayant paru en 1911, il aurait dû écrire: « Il y a quinze ans » (1896) et non « dix ans ». La publication des remarquables travaux de M. Thorndike date de 1898. Quant aux premières publications *psychologiques* de M. G. Bohn, elles ont suivi la fondation d'un groupe d'étude de psychologie zoologique à l'*Institut général psychologique* et celle-ci remonte à 1902.

tables du professeur-administrateur de la ménagerie
(à peu près complètement étranger à la psychologie
depuis Fréd. Cuvier) et, d'autre part, le désir d'utiliser scientifiquement cette même ménagerie, qui
animait les organisateurs de notre Institut. Les recherches expérimentales devinrent dès lors de plus en
plus difficiles au Jardin des Plantes. Ainsi, l'idée de
ces recherches était lancée ; et, précisément au moment
où elle obtenait les encouragements des philosophes
et savants français et étrangers, au moment où elle
était accueillie avec la plus grande sympathie par le
public et avec un véritable *enthousiasme* par la presse
mondiale, les éléments de travail nous étaient brusquement retirés ! On a pu dire que le succès de ce projet parut être le principal obstacle à sa réalisation...(1).

C'est alors que furent créés, d'une part, le petit
laboratoire de notre *Institut*, où l'on réunit quelques animaux, et, d'autre part, une section de psychologie animale à l'*Institut général psychologique*, où
l'on s'occupa de déterminer des arrangements avec les
directeurs des laboratoires maritimes. Les savants qui
s'orientèrent de ce second côté, entre autres M. Bohn,
étaient eux aussi, forcément très limités, puisqu'ils
n'avaient à leur disposition que les animaux marins
littoraux.

(1) De nouveaux projets comportant l'installation d'un laboratoire dans les annexes du *Muséum*, à Vincennes, et pour
lesquels les capitaux nécessaires sont trouvés depuis longtemps, ont été acceptés en principe par l'administration du
Muséum ; mais leur réalisation demandera encore un assez
long délai.

A l'*Institut de psychologie zoologique*, on s'est atta=
ché surtout aux questions suivantes : Les tropismes
et la sensibilité différentielle (1), les sens chez les animaux (2), les lois de l'association des sensations (3),
l'*Instinct du retour* chez le pigeon voyageur (4), la
domestication nouvelle (5) et la comparaison des facultés supérieures des mammifères et des oiseaux avec
le psychisme du jeune enfant. Seule cette dernière
étude nous occupera dans ce petit livre.

Depuis quelques années, plusieurs pédagogistes distingués se sont associés plus ou moins étroitement à
nos recherches, entre autres, M. Albert Coutaud,
auteur de *la Pédagogie de Rabelais*, et président
pendant dix ans de la *Société protectrice des animaux*; le docteur Fauveau de Courmelles, à qui l'on
doit d'intéressants travaux sur les enfants et un important ouvrage consacré à l'intelligence animale; M. Mau-

---

(1) Voir *la Psycho-physique et la notion de tropisme*, notre
mémoire soumis au Congrès de Rome et surtout *la Genèse
des instincts* (Bib. de philosophie scientifique).
Nous avons vivement combattu la théorie du tropisme
au sens de Lœb et celle de la sensibilité différentielle au
sens de M. G. Bohn. Nous avons donné le compte rendu de
nombreuses expériences dont les résultats sont incompati-
bles avec ces notions.

(2) Voir *les Actes-signaux* (Institut général psychologique).

(3) *Comptes rendus de l'Académie des sciences* (14 mars 1910).
La Genèse des instincts, la Théorie du dressage (Congrès de
psychologie de Genève), etc.

(4) *L'Instinct du retour chez le pigeon voyageur*, par
P. HACHET-SOUPLET, *Revue scientifique* du 25 février 1911.

(5) *Les bases psychologiques de la domestication*, par
P. HACHET-SOUPLET, *Revue scientifique* du 7 septembre 1912.

rice Wolff, qui fut l'un des premiers vulgarisateurs
des idées de Fræbel en France, et M. Paul Mendousse,
l'auteur de *l'Ame de l'Adolescent* (1), qui, dans une
thèse de doctorat et dans une œuvre récente, *Du dressage à l'Éducation* (2), s'est appuyé sur nos expériences
pour démontrer que le professeur a grand bénéfice à
connaître et à interpréter certains procédés de dressage.

Pendant la rédaction de cet ouvrage, nous recevons
de M. le professeur Ed. Claparède, de Genève, qui fut
l'un des premiers membres de notre comité, une notice
intitulée : *Un Institut des Sciences de l'Éducation*, dans laquelle il décrit le programme du nouvel établissement fondé tout dernièrement à Genève
(l'Institut Jean-Jacques Rousseau), nous en extrayons
ceci : « Pour être complète, une école des sciences de
l'éducation devrait posséder un service annexe..., je
veux parler d'un laboratoire de psychologie animale...
L'étude des phénomènes d'acquisition d'une habitude
par l'animal ou du dressage d'un animal donne parfois des résultats bien suggestifs pour l'éducateur... »
Nous ne pouvons que former les vœux les plus sin-
cères pour que l'idée française d'étudier scientifiquement le dressage se développe à l'étranger comme en
France... M. Claparède et les savants distingués qui
l'entourent ont tout ce qu'il faut pour donner à ces
études la rigueur scientifique et l'ampleur qu'elles

(1) Paris, F. Alcan.
(2) *Ibid.*

HACHET-SOUPLET. 1.

comportent ; nous avons été heureux de pouvoir établir des relations entre l'Institut de Genève et le nôtre.

∴

La ressemblance entre la psychologie de l'enfant et celle de l'animal supérieur, si souvent invoquée depuis Lamarck et Darwin, est-elle profonde, indéniable ?

Il faut avouer qu'aux négations *a priori* des spiritualistes, les philosophes évolutionnistes n'ont opposé jusqu'ici que de rares analogies entre quelques manifestations psychiques de l'enfant et certaines particularités présentées par les grands singes (attitudes, mouvements singuliers, peur de l'inconnu, instinct de rapine, etc...) ; or ce n'est pas, semble-t-il, de ce côté que se trouve la voie où la recherche pourra s'engager systématiquement et marcher de découverte en découverte. Ces rapprochements, portant sur de minces détails, sont assurément curieux, quelques-uns sont très frappants ; mais ils perdent beaucoup de leur importance si on considère qu'à la tendance manifeste des êtres jeunes à reproduire les débuts de l'histoire de leur espèce (loi biogénétique fondamentale), s'opposent les adaptations, réalisées pendant l'enfance même des individus, au cours des générations, les « adaptations larvaires », qui ont nécessairement effacé ou dénaturé nombre de réminiscences ataviques et sont de nature à créer, pour l'observateur, les illusions les plus trompeuses.

Seule la méthode expérimentale peut, ici comme

dans toutes les branches de la science, éclairer largement la route ; et ce ne sont pas d'infimes détails
psychologiques, c'est le fonctionnement des grands
rouages de la mentalité animale qu'il faut tout d'abord
s'efforcer de connaître en les faisant fonctionner longuement dans le laboratoire (1). Ceux-ci ne deviennent
pour ainsi dire « visibles » que quand l'être vivant
s'adapte plus ou moins lentement à des conditions
nouvelles ; il faut donc l'observer dans sa manière
d'évoluer et de progresser, en un mot d'apprendre.
Alors, l'analogie, l'identité plutôt entre la psychologie
du *jeune* enfant et celle de l'animal supérieur se révèle
d'éclatante façon. Et l'on constate chez l'un et l'autre,
l'existence d'une « forme psychique » ayant un caractère parfaitement défini, un caractère qui disparaîtra
presque complètement de la psychologie de l'homme
fait.

Le but de cet ouvrage est précisément de représenter
l'animal au moment où il apprend, et quelquefois où
il « comprend » ; — ce qui est une façon supérieure
d'apprendre, — puis de le comparer à l'enfant.

Nous n'aurons jamais en vue que *le jeune* enfant.
Dès sept ans, l'intelligence humaine se développe si
prodigieusement qu'elle apparaît dans la nature, sinon
« comme un empire dans un empire », du moins comme
une grande merveille. Le psychologue qui fait une

(1) Le laboratoire du psycho-zoologiste doit comprendre
de vastes espaces découverts, c'est-à-dire permettre l'emploi d'un milieu naturel, où, cependant, des phénomènes
sont intentionnellement provoqués.

étude comparée cesse alors d'identifier. De telles différences quantitatives se révèlent, qu'il faut se contenter de faire ressortir les liens qualitatifs qui, malgré tout, subsistent. L'étude de la genèse des premières abstractions, des premiers raisonnements permet encore des rapprochements, mais ce tissu de pensées s'enrichit bientôt si magnifiquement, que le plus hautain orgueil humain peut se déclarer satisfait.

La façon dont l'animal apprend montre comment le psychisme de son espèce a dû se constituer peu à peu à travers le temps; elle indique aussi des moyens pédagogiques nouveaux applicables au très jeune enfant.

Pendant de longs siècles, la pédagogie a été purement idéologique : on la faisait reposer sur la métaphysique ou sur le sentiment. Sévère à l'excès pour l'homme-enfant que l'on supposait flétri par le stigmate du péché, puis débordante de tendresse avec Rousseau et ses continuateurs, elle a longtemps flotté au gré des théoriciens et des maîtres enseignants. Sans doute, grâce à ses tâtonnements, à ses observations personnelles, le pédagogue est parfois tombé juste; mais étant données la diversité, la contradiction des systèmes, il a fallu l'admirable plasticité du psychisme humain pour résister à de si furieux assauts... !

Les règles de l'art d'enseigner ne peuvent être déduites que des lois générales qui gouvernent la sensibilité et la pensée. L'œuvre d'éducation n'est pas une pure création de l'esprit; elle ne consiste pas à créer des influences particulières pour façonner l'enfant; mais à connaître les forces naturelles qui, déjà, ont formé et modifient constamment la mentalité de tous les êtres vivants, à capter, pour ainsi dire, leur source et à placer l'enfant dans ce champ énergétique.

Une foule de philosophes, et surtout ceux qui se révèlent comme des « amis de l'enfant », de Montaigne au bon Pestalozzi, en passant par Locke et Rousseau, ont demandé que l'on s'inspirât, en pédagogie, des grandes lois psychologiques, qui gouvernent l'être sauvage aussi bien que l'être civilisé; ce n'est cependant que d'hier seulement qu'on applique systématiquement la psychologie à l'éducation. La géniale tentative de Herbart échoua pour deux raisons principales qu'a bien dégagées M. Claparède. Sa psychologie n'était pas celle de l'enfant, mais une psychologie générale, d'ailleurs imprécise et ne reposant pas sur l'expérience. H. Spencer a introduit l'idée d'évolution dans ce domaine; mais sans découvrir le moyen de dépasser, grâce à ce fil conducteur, J.-J. Rousseau, qui, lui, croyait à la création du monde dans sa forme définitive, tel qu'il se révèle actuellement à nos sens. Le premier, M. le docteur Le Bon a montré la valeur pédagogique d'un principe de psychologie générale, celui de la transformation de l'acte intelligent en instinct secondaire, ou du passage du conscient à l'inconscient. Nous essaierons, pour notre part, de dégager les principales applications possibles de la psychologie animale à la pédagogie.

LIVRE PREMIER

L'ANIMAL

CHAPITRE PREMIER

ÉTUDE EXPÉRIMENTALE DES SENSATIONS
CHEZ LES ANIMAUX

Certains biologistes contemporains ont pensé que
la psychologie animale pouvait se passer complètement de l'introspection. Ils ont fait ce rêve de cons-
truire une science de l'activité psychique des bêtes en
restant dans le domaine objectif et en se plaçant au
point de vue de la physico-chimie. On ne pourrait,
malheureusement, réaliser ce programme, d'ailleurs
si séduisant, que du jour où l'on saurait ce qu'est la
sensation en langage chimique... C'est *le premier pas*
à faire dans l'observation objective; c'est le fait psychologique *le plus simple* à expliquer par des réactions
chimiques. Or, pour cela, il faudrait observer la sen-

sation objectivement et subjectivement *dans le même
instant;* il faudrait ressentir une sensation et observer
la réaction chimique qui est supposée la constituer;
ce qui serait contraire au principe de l'objectivisme
pur et ce qui est ailleurs absolument irréalisable. Ces
biologistes commettent donc une erreur de méthode;
et l'observation objective pure et simple est imprati-
cable en psychologie. Les adeptes de ce système sont
d'ailleurs entraînés à chaque instant à parler de *sensations;* ce qui, sous leur plume, n'offre aucun sens,
puisqu'ils se refusent à envisager subjectivement la
sensation et qu'on ignore absolument ce qu'elle est
physiologiquement! Ils partent d'un principe faux et
le transgressent forcément à chaque pas.

Que dire de la prétention qu'affectent d'autres
savants d'adopter le principe d'un parallélisme, d'après
lequel le psychique et le physiologique dérouleraient
parallèlement leurs circuits? Ce parallélisme ne peut
être constaté, ni même imaginé en aucune région
psychique. Essayez d'exprimer en termes physiologiques n'importe quel fait d'intelligence ; cela ne se
peut faire. A ce point de vue, il n'y a pas de distinction possible entre les faits; il n'y a que des manifestations nerveuses et des réactions musculaires ou pro-
toplasmiques. Que ces réactions aient un sens au point
de vue de la notion de personnalité, de la connaissance du but, de l'abstraction, du raisonnement, nous
ne pouvons le savoir que si nous revenons à la ligne
psychique et si nous considérons tout mouvement
animal non au point de vue de la physiologie pure,

mais comme « action » tendant, consciemment ou non, vers une fin, — ce qui revient à introduire des termes psychologiques dans la ligne objective et détruit tout parallélisme.

Le *jeune* enfant, comme l'animal, ne nous révèlent leur psychisme que par l'intermédiaire de leurs actes, parmi lesquels on ne trouve qu'un langage fort rudimentaire; et ces actes ne peuvent être rattachés à des phénomènes psychiques que par une comparaison raisonnée avec nos propres actions et nos états subjectifs. Le principe de cette comparaison doit être appliqué avec beaucoup de prudence. Des esprits simplistes ont pensé qu'il fallait se représenter ce qui se passe dans le cerveau des bêtes en se demandant ce que l'on sentirait et penserait *si on était à leur place*. C'est une erreur tout aussi grave que celle des psychologues physico-chimistes. Un savant qui voudrait se représenter les états mentaux d'un animal comme s'il les éprouvait lui-même aboutirait à une psychologie absolument fantaisiste et très voisine de celle d'un écrivain français qui a su parler des oiseaux avec éloquence, mais qui n'a fait que du roman zoologique : Toussenel. Ayant constaté, par exemple, que les hirondelles de Notre-Dame de Paris n'avaient fait aucun bruit pendant un service solennel, il se persuade naïvement que ces passereaux ont agi comme lui, Toussenel, aurait cru devoir faire à leur place; et il écrit bravement que les hirondelles de Notre-Dame ont un grand respect pour les cérémonies du culte... ce qui ne peut passer pour une opinion très scientifique. Sans doute, nous ne pouvons avoir une idée des phénomènes pychiques propres aux animaux qu'en les comparant aux nôtres ; mais comparer est une opération complexe consistant à établir des ressemblances *et des diffé-rences* ; et, pour cela, il ne faut pas commencer par conclure de nous à l'animal, ce qui reviendrait à sup-poser qu'il agit en pouvant employer les « facultés (1) » développées qui sont en nous et ce qui serait faire une une pétition de principe. La loi d'économie sera ici la règle à suivre. Nous établirons la série de nos « facul-tés » ; et, considérant un acte quelconque d'un animal, nous l'expliquerons par l'exercice de la faculté *la plus simple*, offrant dans notre propre psychisme une expli-cation suffisante. L'histoire des hirondelles qui res-tèrent tranquilles pendant l'office (pour revenir à cet exemple) s'explique par ce fait — d'ailleurs men-tionné par Toussenel, qui n'en tient pas compte par la suite — que des draperies accrochées aux murailles de Notre-Dame les enfermaient, ce jour-là, et les pri-vaient de lumière. Comme ces passereaux restent immobiles pendant la nuit, une association d'impres-sions, un instinct organisé, et non point un « respect pour les cérémonies du culte », est la raison suffisante de leur « sagesse ».

La loi d'économie peut rendre de grands services ; il convient toutefois de remarquer que, si elle défend de prêter des facultés trop élevées aux animaux, elle

---

(1) Il est bien entendu que nous employons ce mot com-mode de l'ancienne psychologie pour désigner un ensemble de phénomènes.

n'empêche pas d'exagérer *en moins* et qu'elle a même une tendance à pousser de ce côté l'observateur. Il sera cependant toujours possible, en examinant très soigneusement les faits, de ne pas tomber dans ce travers.

.·.

L'observation des animaux permet-elle de supposer qu'ils ont des sensations ?

Nombre de savants éprouvent ici un grand scrupule. Il est évident qu'il ne peut y avoir de critère objectif rigoureux de la sensation; mais de sérieuses inférences nous autorisent à dire qu'elle y avoir chez les hommes qui ne sont pas nous-même et aussi chez les animaux. La raison que les philosophes donnent ici en ce qui concerne les hommes, est que, leur organisation étant semblable, tous doivent ressentir des sensations et qu'ils l'affirment par la parole et par d'autres actions ou mouvements. Or, le même raisonnement peut être tenu pour les animaux avec indication de degré. En effet, leur organisation se rapproche beaucoup de la nôtre, du moins au sommet de l'échelle, leurs cris indiquent la souffrance et le plaisir; enfin leurs actes sont comparables à ceux que nous exécutons.

On peut encore invoquer d'autres inférences. Les excès que commettent les animaux ne s'expliquent que si l'on suppose chez eux la recherche du plaisir pour lui-même. En effet, dès que le besoin est satisfait, il n'y a plus de raisons purement physiques pour déterminer la continuation du fonctionnement organique.

Certaines expériences peuvent aussi éclairer la question. Lorsqu'on « menace » un cloporte de le saisir, il se réfugie constamment du côté *le plus obscur*. Or, un cloporte dont on a recouvert les organes visuels du côté droit, se dirige de ce côté comme s'il « croyait » aller vers l'ombre, tandis que si on opère l'ablation des mêmes organes, il va, au contraire, du côté opposé : vers la gauche, c'est-à-dire du côté le plus éclairé. Dans les deux cas, il y a obscurité à droite; et si l'arthropode opéré va à gauche, il semble que sa conduite soit imposée par autre chose que l'absence de vision à droite. Cette « autre chose » semble bien être *la douleur* causée par l'opération et ses suites, puisque, une fois guéri, il cesse d'aller à gauche et agit comme le cloporte dont les organes visuels ont été recouverts à droite.

« Les sensations, a écrit M. G. Bohn, souvent ne se révèlent pas. Si nous n'avons aucun moyen de les faire apparaître, de les rendre manifestes, la psychologie comparée ne pourra exister. Si, au contraire, il nous est possible de faire sortir de l'obscurité ces choses cachées, la psychologie animale est susceptible du plus grand avenir... Eh bien je vais essayer de montrer que nous avons ce pouvoir... je vais le montrer sur des exemples concrets ; je citerai les expériences de Meyer sur des poissons. » L'expérience de M. Max Meyer, publiée en août 1909, et reproduite par M. G. Bohn dans *la Nouvelle Psychologique animale* (p. 63), est, au point de vue de l'étude des associations, une répétition de celles qui ont été pratiquées dans nos laboratoires et dont voici le compte rendu :

« Un Poisson ne recevra sa nourriture que dans un petit cylindre immergé après production artificielle de l'éclairement de l'aquarium au moyen d'une lampe spéciale. On éclaire l'aquarium d'une vive lumière au moyen de la lampe ; ensuite, on attire l'animal dans le cylindre, en lui montrant un appât. On procède de la même façon chaque jour. L'association existera quand l'animal viendra dans le cylindre *avant* que la nourriture y ait été déposée. Cet acte sera le *signal* de l'association effectuée entre l'impression lumineuse et les impressions rattachées à la nutrition. Le lien psychologique s'établit plus ou moins lentement. Sa formation et le temps qu'elle demande ont une signification importante au point de vue de la valeur psychologique de l'espèce considérée. La nature des impressions homosensorielles ou hétérosensorielles qui font partie des complexes doit faire l'objet de notations précises. Plus tard, la persistance des associations acquises sera étudiée de façon à établir une mesure de la mémoire. » (Séance du 24 février 1908, *Institut général psychologique*.)

Tout semble prouver que les animaux sentent, souffrent et jouissent et, à partir d'un certain degré de l'échelle, ont des représentations plus ou moins nettes du monde extérieur.

La sensation explique seule cette tendance à l'action pour la vie, cet effort pour être, qui se manifeste au fond de tout acte animal. C'est la recherche du plaisir

et la fuite de la douleur qui règlent la vie des bêtes...
et la nôtre : un homme qui n'éprouverait pas de douleur à ne point manger, ni aucun plaisir à assouvir sa
faim, *ne mangerait pas*. C'est parce qu'il recherche
des sensations d'un certain ordre et fuit d'autres sensations, que l'animal va par le monde. Sans l'élément
psychique, dont les biologistes contemporains ont une
tendance à vouloir se passer, on ne comprend cependant ni la vie ordinaire, en apparence stationnaire, de
l'individu, ni les adaptations, ni la sélection dans la
vie de l'espèce. En effet, pourquoi l'animal recherche-
rait-il les conditions nécessaires à la vie s'il n'avait pas
le « désir » obscur de les trouver? Et si la sélection
suffit à expliquer la survivance des individus qui
accomplissent les actes les plus utiles à l'espèce et
qui en transmettront l'habitude à leurs descendants,
considérée seule, elle ne permet pas de comprendre
pourquoi ces individus les accomplissent avec persistance, tandis que la répétition de l'acte utile, d'abord
fortuit, devient explicable si l'on admet qu'elle est
agréable à l'individu comme elle sera utile à l'espèce...

.·.

Il ne paraîtra pas déplacé, croyons-nous, dans un
livre destiné à être lu surtout par des psychologues
nécessairement familiarisés avec les recherches, déjà
si nombreuses, sur les sens chez l'enfant, de parler
succinctement des procédés de dressage permettant
d'étudier les sens chez les animaux supérieurs.

Ce que, pratiquement, le dresseur cherche tout d'abord à connaître, c'est « l'étoffe » de ses futurs élèves. Quelle économie de temps si, avant tout essai d'éducation, ou même avant tout achat, il pouvait explorer les sens de ses sujets! Le dresseur a, en quelque sorte, les mêmes besoins d'information (plus intéressés toutefois) que le pédagogue. Nos recherches relatives à ces questions pouvaient donc avoir un intérêt *pratique;* mais nous les avons surtout considérées au point de vue de la curiosité scientifique.

Quelles sont les « représentations » des bêtes? Le savoir serait pénétrer dans leur intimité, reconstituer leur vision du monde : « Rien ne prouve que les animaux perçoivent les sons de la même façon que nous » écrivait, il y a quelque vingt ans, M. Ed. Perrier dans son *Traité d'anatomie et de physiologie animales;* et cette remarque de l'éminent biologiste pouvait aussi bien s'appliquer au toucher, à l'odorat, au goût, à la vue, qu'à l'ouïe des animaux. Les physiologistes n'avaient même aucun espoir de jamais faire pénétrer l'investigation scientifique dans ce domaine; car il ne semblait pas qu'il fût possible d'y introduire la méthode de mensuration psycho-physique employée pour l'homme et qui exige chez le sujet une « attention » soutenue, une bonne volonté parfaite et l'existence d'un langage articulé. Comment, par exemple, arriver à établir de façon certaine qu'un animal perçoit tel ou tel son d'une hauteur définie? Chez l'homme, la réaction est facile à constater. L'expérimentateur produit, au moyen d'un appareil spécial, des sons de hauteur croissante en partant de sons absolument imperceptibles ; le sujet n'a qu'à faire un geste ou dire un mot dès qu'il a perçu une sensation ; mais comment s'y prendre, par exemple, avec un lion ou un loup ? Ce dernier semble doué d'une ouïe extrêmement fine, de même que le chat ; toutefois, de prime abord, on ne voit pas bien de quelle façon on pourrait le forcer à nous [faire savoir à partir de quel nombre de vibrations il perçoit les sons !

Nous allons prendre un loup et procéder à son éducation. Quand nous aurons obtenu, au bout de quelques jours, à l'aide du dressage ordinaire, que notre sujet se couche au commandement et se tienne étendu sur le flanc par terre, absolument calme, nous lui ferons prendre cette position ; puis, après une demi-minute de repos, nous déterminerons des vibrations assez rapides, c'est-à-dire un son bien « audible », avec une sirène de cabinet de physique ; et, presque en même temps, nous ferons lever le loup le plus brusquement possible, au moyen d'un collier et d'une longe et nous lui donnerons un morceau de viande. Par la répétition, nous obtiendrons une association entre la sensation produite par les vibrations de la sirène et l'impulsion motrice qui, chez le loup, détermine désormais l'acte de se lever, acte lié lui-même à la sensation de manger un morceau de viande. Il deviendra finalement inutile d'employer la longe : le loup, étendu par terre, attendra le signal donné par la sirène et, dès que le son sera produit (après une attente que l'on fera intentionnellement plus ou moins longue), l'animal sautera sur ses quatre pattes. Ce sera là un mouvement réflexe absolument en dehors de sa volonté, une véritable manie enseignée.

A ce moment, tout est prêt pour l'expérience. Nous n'aurons plus qu'à provoquer, à plusieurs reprises, le mouvement appris, en diminuant à chaque épreuve, la hauteur du son rendu par la sirène, c'est-à-dire le nombre de vibrations à la seconde. Tant que la réaction se produira, nous pourrons recommencer l'expérience, en produisant des sons toujours plus graves, jusqu'au moment où, à des vibrations trop lentes, ne correspondra plus aucune réaction : nous serons alors à la limite de la sensibilité auditive du loup. Nous aurons déterminé le seuil de la sensation.

Il nous est impossible de rendre compte ici des minutieuses recherches entreprises à *l'Institut de psychologie zoologique*, depuis une douzaine d'années, sur les facultés sensorielles des animaux et spécialement sur le seuil des sensations; nous avons voulu seulement montrer par un exemple que de telles investigations sont possibles. Nous indiquerons toutefois quelques conclusions générales relatives à cette question et ayant leur application pédagogique.

Notons d'abord que si un animal dont tous les sens manquent de finesse, relativement à la moyenne de l'espèce, est toujours peu intelligent, le sujet qui possède au moins un sens affiné — ceci est très remarquable — se montre aussi bien doué intellectuellement que ceux qui ont plusieurs sens développés. Ce fait indique, semble-t-il, que les facultés psychiques élevées peuvent s'exercer aussi bien sur n'importe quelles données sensorielles.

Les sensations musculaires sont les plus impérieuses ; elles dominent toutes les autres. Quand une habitude musculaire est acquise, elle a une tendance à se reproduire, même quand des impressions olfactives, auditives ou visuelles, de nature à la contrarier, sont produites par le monde extérieur. Ceci montre l'importance d'une bonne éducation, réalisée d'emblée, des mouvements et des gestes.

Une autre question nous a préoccupé ; nous avons comparé l'intensité de l'excitant à celle de la réaction chez l'animal ; et nous avons constaté que cette dernière reste la même tandis qu'au cours de répétitions successives, l'on fait décroître l'excitant jusqu'à la limite même de la sensibilité, jusqu'au seuil de la sensation. Il y a là une indication, pour l'éducateur, qui peut continuer d'obtenir *les mêmes réactions*, en diminuant peu à peu les moyens de contrainte (hauteur de la voix ; manifestations diverses de nature à impressionner le sujet, etc.).

Il était intéressant de tenter de vérifier, en ce qui concerne les animaux, la loi de Fechner, d'après laquelle, on le sait, l'écart est moindre entre deux sensations qu'entre les excitations qui les déterminent. Nous avons fait de nombreux essais dans ce but sur des espèces très différentes ; les résultats n'ont pas toujours été concluants ; cependant des expériences pratiquées sur des oiseaux nous ont donné satisfaction.

Nous avons par exemple dressé des pigeons à aller
se placer dans une espèce de niche voûtée, éclairée
par une lampe de 9 bougies, puis à s'envoler, dès
qu'ils percevaient une augmentation d'éclairement. Au
début, les oiseaux étaient chassés avec la main,
aussitôt après l'augmentation d'éclairement, puis, une
association de sensations s'étant formée, ils s'envo-
laient sans qu'on eût besoin de les chasser et dès
qu'ils recevaient brusquement le surplus de lumière.
Lors des premières répétitions, une différence considérable d'intensité lumineuse (au moins 100 bougies)
était seule remarquée par les oiseaux, nous parvînmes
cependant après un grand nombre de séances, à déterminer leur départ en produisant un brusque éclairement de 13 bougies, succédant à un éclairement de
9 bougies. Une différence plus petite n'a jamais provoqué l'acte-signal. Plus tard, la loi de Fechner fut
toujours vérifiée, du moins grossièrement, c'est-à-dire
que, pour obtenir une série de départs des pigeons —
en les ramenant dans leur niche et en donnant, comme
premier éclairement *à l'arrivée,* celui-là même qui
avait été nécessaire pour déterminer le précédent *départ* — il a fallu, pour obtenir l'acte-signal, faire
croître les excitations lumineuses à peu près réguliè-
rement, en une progression géométrique dont la
raison d'habitude était 4/3, tandis que les sensations
liées à l'acte-signal croissaient évidemment en une
progression arithmétique dont la raison était 1. Nous
avons obtenu d'autres vérifications de cette loi fondamentale de la *sensibilité différentielle.*

CHAPITRE II

INSTINCTS FONDAMENTAUX ET DÉRIVÉS. ESSAIS INCONSCIENTS. — JEUX

Qu'est-ce que l'Instinct ?

A quelque point de vue qu'on se place : spiritualisme, vitalisme, théorie mécaniste, etc., on accordera qu'il est, chez les êtres vivants, des réactions qui apparaissent comme dépourvues de toute connaissance du but. Dès lors il est indiqué de les grouper et de leur donner un nom générique : on a choisi depuis bien longtemps celui d'instinct. Ceci n'implique aucun jugement sur l'analyse finale de ces actes, ni de leur genèse ; mais établit une utile démarcation.

Ici se pose une question de grande importance. Peut-on, vraiment, savoir si un animal comprend ou ne comprend pas le but d'un acte qu'il accomplit ? On le peut souvent de façon sûre. La chose est facile en ce qui concerne les animaux inférieurs ; chez les espèces supérieures, les phénomènes d'instinct sont quelquefois difficiles à déterminer par suite de l'intervention de l'intelligence qui, après un échec de l'instinct, peut se substituer à lui; et la discrimination devient moins nette; mais il suffit de pouvoir isoler, dans certains cas, des manifestations instinctives pour déterminer leur caractère propre.

C'est son inaptitude aux adaptations nécessaires et rapides qui nous fera reconnaître l'instinct. L'ancienne psychologie le représentait comme infaillible ; la méthode expérimentale a montré que cela n'est vrai que quand les conditions extérieures et intérieures (les excitations provenant du milieu ambiant et des organes) ne sont en rien, ou seulement en très peu de chose, modifiées. Dès que le hasard ou l'expérimentateur introduisent des changements d'une certaine importance dans le *modus vivendi* des animaux inférieurs, ceux-ci sont désorientés, leurs instincts ne fonctionnent plus ou fonctionnent à faux, avec persistance, souvent de façon nuisible à l'espèce ou à l'individu. Il est donc possible de distinguer ces phénomènes d'autres phénomènes qui, eux, même dans des conditions *nouvelles*, ne se produisent généralement pas à faux : ceux de l'intelligence, consistant en une adaptation *immédiate* et parfaite à des circonstances nouvelles.

Toutefois il ne s'agit nullement, notons-le expressément, *d'opposer* l'instinct à l'intelligence comme à *son contraire*, trop de faits indiquent que ce serait là une conception fausse, car celle-ci doit beaucoup à celui-là. Nous nous expliquerons sur ce point.

Les erreurs de l'instinct sont innombrables, depuis les tentatives de préhension de matières organiques

que font les hydres quand on les place dans du bouil-
lon ne contenant aucun corps solide à saisir, jusqu'aux
efforts inutiles de la larve du Fourmi-lion qui, bien
que sachant creuser un piège à insectes avec une in-
géniosité et une prévoyance apparentes et guetter ses
proies comme un patient chasseur à l'affût, n'a cependant aucune idée du but de ses actes. En effet, si sur
un terrain plat, on met à sa portée des animaux vivants ou fraîchement tués, elle ne cherche pas à les
prendre et se met à creuser quand même un piège-
entonnoir qui ne lui est pas nécessaire. Bien plus, em-
pêchée de le creuser, elle se laisse mourir de faim
plutôt que d'absorber les proies qu'on lui présente et
qu'elle ne doit pas à son industrie. Nous avons rap-
porté dans *la Genèse des Instincts* de nombreux faits
de ce genre.

La fonction essentielle, celle qui subsiste chez les
êtres les plus simples, *l'assimilation* est assurée chez
tout animal, s'agirait-il d'une amibe, par des actes,
que nous estimons en les comparant aux nôtres, être
les signes de l'activité de deux instincts : *la faim* et
la peur. Ce dernier mot va être expliqué : « L'animal
monocellulaire ou pluricellulaire, disions-nous dans *La
Genèse des Instincts* (p. 99), est un composé proto-
plasmique formé d'éléments mobiles et apparaît
comme une sorte de système planétaire dont les parties infiniment petites, animées de forces acquises par

la nutrition, sont entraînées dans un remous perpétuel. Au point de vue psychologique, tout se passe comme si les objets du monde extérieur capables de participer à ces mouvements qui sont la vie, capables d'apporter aux éléments cellulaires une énergie remplaçant celle qui est à chaque instant dépensée par l'animal, *attiraient* celui-ci. Les choses capables d'être ainsi entraînées dans le remous de la vie sont ce qu'on appelle les aliments, les matières assimilables. Au contraire, tout ce qui est de nature à troubler les réactions du protoplasme (matières chimiquement nocives, chocs, etc...) *repousse* l'être vivant. » A l'origine, la peur est donc une sorte d'horreur pour ce qui ne vient pas au torrent de la vie; le phénomène biologique étant essentiellement une assimilation, la tendance défensive s'applique à repousser ce qui est contraire à l'assimilation. Dans *la faim*, pourrait-on dire, l'être vivant « fait machine en avant; dans *la peur*, il fait machine en arrière ». La faim et la peur sont les instincts fondamentaux, les seuls qui dépendent de la nature même de la matière vivante et dont l'essence ne semble pas modifiable (1). Ils sont représentés psychiquement par des sensations affectives et représentatives, mais la conscience proprement dite

(1) L'antithèse de la faim (assimilée à l'égoïsme) et de l'amour (assimilé à l'altruisme) est une théorie séduisante, prêtant à des développements brillants, mais en opposition avec les faits d'observation physiologique. En effet, le besoin de nutrition — en psychologie la faim — ne peut être *opposé* à l'amour puisque la reproduction n'est qu'un « débordement de nutrition ».

de la faim et de la peur n'apparaît qu'au haut de la série animale.

Nous appelons « instincts dérivés ou spéciaux » des transformations et des complications des instincts fondamentaux. Ce sont des actes plus ou moins complexes que les animaux ont été entraînés peu à peu à accomplir parce que les conditions extérieures ne leur permettaient qu'à ce prix de retrouver des sensations de plaisir ou d'éviter des sensations de douleur. Ce sont des moyens détournés et inconscients de se procurer tout ce qui est nécessaire à la vie et d'écarter autant que possible ce qui peut la détruire. On ne conçoit donc ces transformations que comme *organisées par la sensation*. Des philosophes comme Vacherot ont cherché, au contraire, à prouver que ces instincts sont antérieurs à la sensation. Ce qui semble les avoir trompés, c'est que les animaux actuels de chaque espèce naissent avec un héritage d'instincts dérivés et les manifestent *avant toute expérience* de la vie individuelle; mais ces instincts proviennent manifestement de l'expérience sensorielle des ancêtres des animaux actuels.

.∙.

L'être vivant, a-t-on dit souvent, est un accumulateur d'énergie. Les forces qu'il puise dans le monde extérieur se distribuent selon trois modes principaux.

Dans le cas le plus ordinaire, l'énergie somatique se concentre, *avec ordre*, successivement sur des organes différents : « Les excitations extérieures font passer dans tels ou tels muscles, telles ou telles glandes, l'énergie somatique, qui, à partir d'un certain degré de l'échelle, est centralisée dans des appareils nerveux. Est-ce une proie, un butin qui apparaît ? Tout l'appareil de la nutrition et les muscles qui le servent sont excités. Est-ce un animal de même espèce et de sexe contraire ? C'est l'appareil de la génération qui a une tendance à fonctionner. Est-ce un ennemi ? Les muscles servant à la défense ou à la fuite entrent en action. Par ce déplacement des points d'application de la force amassée, de l'énergie latente, l'animal fait face aux divers besoins de sa vie. » (*La Genèse des Instincts*, pp. 106-107.)

Nous verrons que l'art de dresser consiste essentiellement à savoir déterminer à propos ces déplacements des points d'application de l'énergie somatique, c'està-dire à substituer des impressions causées par l'attrait d'un appât ou la menace d'un coup aux excitations que produit le monde autour de l'être vivant à l'état de nature.

Le second mode de distribution de l'énergie somatique est la décharge diffuse qui détermine ce que M. Jennings a appelé les « essais inconscients » des animaux. Lorsque l'être vivant éprouve une impression accompagnée de surprise, ou bien encore quand, stimulé dans le sens de l'attraction ou de la répulsion, il ne trouve pas la voie qui lui permettrait d'obéir à cette attraction ou à cette répulsion, son énergie somatique semble se répandre pour ainsi dire dans toutes les voies de décharge possibles ; il a l'air de

faire des *essais*, et ne s'arrête que quand il a trouvé
l'impression agréable qui accompagne une déli-
vrance matérielle ou un fonctionnement physiologique. Voici, par exemple un Lucane cerf-volant
enfermé dans une petite cage dont la porte à glissière
se soulève de bas en haut. Ce coléoptère a faim et désire manifestement sortir de sa prison, il s'agite en
tous sens et à l'air de chercher une issue. Un animal
intelligent, après avoir observé le jeu de la porte, ten-
terait de la faire manœuvrer, le Lucane n'agit pas
ainsi, il tourne en tous sens, prend dans ses mandi-
bules, chaque barreau successivement, secoue la porte
également, mais fait vingt et cent tours avant de remarquer qu'elle est une porte. Finalement, lors d'un
essai plus énergique que les précédents, il soulève
par hasard cette porte et s'échappe. En admettant
qu'il se fût agi d'un animal intelligent, mais qui,
étourdi, n'aurait pas pris garde d'abord au mécanisme
de la trappe, replacé dans la cage, une seconde fois,
il n'aurait plus eu, du moins, aucune hésitation, il
aurait su sortir immédiatement. Or le Lucane recom-
mencera ses essais ; il ne trouvera le moyen de sortir
que très longuement ; et ce ne sera qu'après un grand
nombre d'incarcérations successives qu'il pourra se
passer de tout essai matériel et sortir immédiatement.
Tout indique donc qu'il n'avait pas *compris* les
moyens de s'évader, qu'il avait agi sans règle direc-
trice, mais que parmi une foule de mouvements différents, provoqués au hasard, il a fini par éliminer tous
ceux qui n'étaient pas associés à la sensation agréable

du succès. Ces espèces de tâtonnements auxquels nous
avons consacré de nombreuses pages dans *la Genèse
des Instincts*, n'étant que des commencements d'actes
toujours abandonnés s'ils ne conduisent pas à une
sensation de détente, constituent un « mécanisme
psychique » évidemment supérieur à la réaction
directe de l'instinct, qui détermine souvent des erreurs
tenaces et finalement funestes. En effet, à supposer
que le Lucane eût agi dans le sens unilinéaire d'une
seule et même réaction devant l'obstacle à sa liberté,
il se serait acharné sans fin sur un barreau quelconque
et n'aurait obtenu aucun résultat. N'y a-t-il pas dans
ces espèces de balbutiements psychiques de l'animal
dont l'intelligence proprement dite n'est pas encore
ouverte, une admirable façon de s'adapter ? En tâton-
nant dans l'ombre morale où il vit, il finit par trouver ce qu'il a intérêt à découvrir ; la sensation agréable
du succès remplace pour lui cet encouragement
verbal qui guide le chercheur aux yeux bandés dans
les parties organisées par les enfants.

Les essais inconscients sont la forme plastique de
l'instinct. Ils ont eu, assurément, la plus grande
influence sur l'évolution ; car ils conduisent nécessairement à un grand nombre d'actes nouveaux qui se
fixent s'ils sont utiles et fréquemment répétés. Nous
verrons qu'il y a lieu d'en tenir largement compte
dans toute espèce d'enseignement animal ou humain.

Les jeux sont, eux aussi, des essais inconscients ;
ils ne se distinguent des essais ordinaires que par un
seul caractère : c'est qu'ils résultent non de déplace-

ments brusques de l'énergie somatique ordinaire, mais d'un *excès d'énergie*. Le jeu est donc tout particulièrement créateur, innovateur, fécond en actes nouveaux. Groos a écrit un fort bon livre sur les jeux, qu'il considère comme un préexercice des instincts déjà organisés. Pour nous, son importance est plus grande encore ; nous le considérons philogénétiquement comme l'un des principaux facteurs des instincts et comme un élément capital au point de vue de la pédagogie et du dressage.

Nous n'avons certes pas cherché à faire dans ce chapitre un examen systématique des réactions d'ordre psychique propres aux animaux ; nous avons voulu seulement indiquer la large base sur laquelle repose toute éducation : les instincts se manifestant sous des aspects divers selon l'état de répartition de l'énergie somatique. C'est en apprivoisant, en domestiquant en dressant l'animal et en le soumettant à des expériences diverses que nous allons pénétrer plus avant dans son psychisme.

CHAPITRE III

ÉTUDE EXPÉRIMENTALE DES INSTINCTS DÉRIVÉS

Ce qu'enseigne l'apprivoisement (1).

Il ne semble pas y avoir de meilleur moyen d'étudier les instincts dérivés que d'essayer d'en réaliser de nouveaux... Nous chercherons donc à créer artificiellement des rouages psychiques en mettant des animaux dans des conditions extérieures nouvelles. Nous commencerons par des essais de domestication.

L'animal domestique, est celui qui, vivant constamment ou pendant des périodes déterminées, dans une liberté relative, reste toujours, par son propre effort, à la portée de l'homme, se reproduit dans son voisinage et lui rend des services. Les abeilles, les pigeons, les chats et beaucoup de chiens jouissent, en tout temps, d'une grande liberté; les moutons, les vaches

(1) Ce chapitre a été publié en partie dans la *Revue scientifique*.

peuvent être habitués à rentrer à la ferme sans conducteur. Et, si le cheval et le chien de garde restent attachés pendant des périodes plus ou moins longues, ce n'est que parce que l'homme y trouve sa commodité. Que celui-ci ouvre leurs écuries ou détache leurs liens, ces animaux resteront, eux aussi, à sa disposition ; éloignés de leurs abris habituels, ils y reviendront par leurs propres moyens, parfois de très loin et montreront ainsi leur *besoin acquis de servitude.*

Placé dans un parc grillagé autour duquel circulent gardiens et curieux, un animal sauvage, nouvellement importé, est effrayé par ces « objets » inconnus. Comme les animaux libres, même les plus forts physiquement, ont eu à souffrir (dans le passé de l'espèce et dans la vie de l'individu considéré) de nombreuses surprises causées par des individus inconnus d'eux, tout ce qui est nouveau prend à leurs yeux, de ce fait, le caractère du danger immédiat.

Ce n'est que quand elles ont vécu dans des conditions exceptionnelles que les bêtes sauvages n'ont pas cette crainte de l'inconnu. Ces conditions ne sont réalisées que dans des îles ou des territoires très isolés, où les espèces, tout en se faisant la guerre, se perpétuent sans *surprises* plus ou moins préjudiciables, causées par l'attaque d'êtres nouveaux pour eux, hommes ou animaux. On se rappelle, à ce sujet, les observations de Darwin, relatives à un faucon des îles Galapagos, qui resta sur une branche quand on s'approcha de lui et se laissa même toucher, et à des oiscaux qui vinrent boire jusque sur la table de l'illustre naturaliste.

A part de rares exceptions de ce genre, les animaux, avant d'avoir appris par l'expérience matérielle ce qu'ils peuvent attendre d'un objet nouveau et qui se révèle soit par un attouchement, soit par une impression auditive ou visuelle, ont une tendance marquée à le fuir.

C'est là l'explication d'observations curieuses faites dans les ménageries. Ainsi, le dompteur Bidel faisait garder précieusement une peau de mandrill, d'une forme bizarre ; et ses aides n'avaient qu'à la présenter aux fauves quand, lors d'une répétition, ils se montraient trop audacieux : terrifiés à cet aspect, lions et tigres se soumettaient aussitôt.

Les singes de toutes espèces ont la crainte de l'inconnu extrêmement développée. Nous l'avons observé bien des fois. « Malgré leur force si prodigieuse, écrivait M. Metchnikoff à propos des anthropoïdes, ils ont le caractère poltron. Ne se rendant pas compte de leur supériorité, ils fuient à l'approche du moindre danger imaginaire. Nos jeunes chimpanzés dont les dents et les muscles étaient déjà des armes redoutables, manifestaient une grande peur lorsqu'on les mettait en présence d'animaux aussi inoffensifs et aussi faibles que cobayes, pigeons et lapins. Même *les souris* leur inspiraient de la crainte au début et il leur fallait un véritable apprentissage pour ne pas fuir devant un ennemi aussi méprisable. » Les éléphants ont une crainte très manifeste des souris ; et l'on pourrait multiplier à l'infini des exemples de ce genre.

On croit communément que l'apprivoisement, qui est la perte de la crainte des objets inconnus, n'est réalisable que par une seule méthode consistant à offrir à l'animal une nourriture qu'il aime et à obtenir qu'il la prenne dans nos mains, ou tout au moins auprès de nous. Ceci n'est qu'un procédé très insuffisant. On n'obtient, du reste, à si bon marché, une certaine obéissance que des animaux qui n'ont pas une grande frayeur de l'homme. Les autres se laisseraient mourir de faim plutôt que de venir prendre l'appât. Il n'y a là qu'une sorte de sollicitation timide, une espèce de prière adressée à l'animal : « Viens ici pour me faire plaisir ! » semble dire le « charmeur ». Sans doute, il arrive que les oiseaux de nos parcs, vivant déjà très près de l'homme et n'ayant guère peur de lui, sont séduits par cette invitation et se laissent attirer ; il en va tout autrement d'un être sauvage, vraiment sauvage. Celui-là a besoin d'un entraînement méthodique ; il ne s'agit pas de le prier, il faut *lui imposer* un traitement particulier.

Examinez, d'une part, un animal sauvage placé dans un grand parc entouré d'une grille, et ayant à sa disposition un abri qu'il a déjà utilisé ; d'autre part, un animal domestique placé dans les mêmes conditions : et comparez leurs « comportements » quand un homme marchant tranquillement, sans s'arrêter, traverse le parc en passant *entre l'animal et l'abri*. La bête sauvage va fuir le centre du parc et cherchera, avec une sorte de frénésie, à traverser la grille ou à la franchir. La bête domestique, si elle est familière, viendra à l'homme; peu familière, elle commencera par ébaucher le même mouvement que la bête sauvage; mais elle fera rapidement un crochet et se précipitera dans son abri. C'est *le crochet de la servitude*. En somme, l'animal sauvage agit pour fuir à tout jamais l'homme; l'animal domestique va à l'homme, ou se replie dans l'habitation que l'homme lui a donnée.

L'apprivoisement, dit « à la rotonde », peut imposer plus ou moins rapidement le « crochet de la servitude » à tout mammifère et à tout oiseau. Nous allons en donner la description.

« Pour agir sur les *qualités intérieures* de l'animal, nous n'avons qu'un moyen : « son intelligence », a dit Flourens. Nous estimons que c'est là une erreur. « *Apprendre* » n'est pas « comprendre ». Aussi ne chercherons-nous à déterminer que de simples associations nouvelles d'impressions affectives et représentatives, sans demander aucune espèce de raisonnement. Tant mieux si l'animal nous comprend, mais cela n'est pas indispensable.

La rotonde est un petit parc circulaire dont l'étendue varie suivant les sujets à apprivoiser. Au centre, se trouve un abri à plusieurs ouvertures. Deux cloisons ayant la largeur du rayon de la rotonde, et montées sur roues, peuvent se déplacer de façon à partager en deux la superficie totale du parc, quand on les met l'une dans le prolongement de l'autre, ou bien à rétrécir de plus en plus l'une des deux parties, si on les fait se rapprocher ; elles peuvent donc constituer finalement un couloir étroit allant de la périphérie au centre. C'est ainsi qu'on les utilise tout d'abord.

Lors des premières leçons, l'animal ne dispose que d'un espace limité par la grille de la rotonde, les deux cloisons et l'abri, dont la porte donnant sur cette espèce de couloir est seule ouverte. On choisit un moment où il se promène dans son réduit et l'on fait intervenir un « épouvantail ». C'est tout simplement un homme couvert d'un sac ; il se présente à la grille et, au besoin, brandit un bâton auquel on a attaché des lanières de papier. L'animal ne manque pas, alors, de se replier dans l'abri central, qui est *le point le plus éloigné de ce qui lui a fait peur.* Aussitôt, l'épouvantail se retire. Le lendemain, les cloisons mobiles seront plus écartées l'une de l'autre, pour le reste, on procédera de la même façon. Au bout d'un certain nombre de leçons (les cloisons étant toujours plus écartées et finissant par couper le parc en deux parties), on peut constater que l'animal n'a plus aucune hésitation à chercher un refuge au centre, quand apparaît l'épouvantail. On supprime dès lors les deux cloisons mobiles. A ce moment, on doit avoir obtenu que le sujet rentre dans l'abri dès qu'il aperçoit l'épouvantail et *quand bien même ce mouvement tendrait à le rapprocher de ce dernier* (c'est le cas lorsque l'épouvantail se présente à la grille à un moment où la bête se trouve par rapport à lui, au delà du refuge central).

Que vaut ce résultat au point de vue psychologique ?

Il est très considérable. A un être pour lequel tout était menaçant et qui ne savait pas écarter les causes de sa peur, échapper à ce qui l'effrayait, à un être qui ne savait que courir en tous sens sous l'empire de la peur et qui finissait par s'affoler, nous avons appris à retrouver, en toute circonstance, *un refuge*. Dans ce refuge, il est chez lui ; à l'impression de sécurité qu'il ressent, il associe bientôt cette sensation de détente qu'il éprouvait dans ses cachettes, quand il vivait à l'état de nature ; et, dès lors, il reprend peu à peu son « équilibre psychique ». Rien de ce qui l'effrayait ne lui paraît plus aussi terrible, puisqu'il a le moyen d'échapper rapidement aux objets qui lui font peur.

Des recherches faites au moyen d'un sphygmographe et de différents appareils ont montré combien les troubles physiologiques qui accompagnent la course affolée d'un animal sauvage effrayé diffèrent de l'état, déjà presque normal, d'un animal, hier encore sauvage, maintenant en voie d'apprivoisement et qui est étudié au moment où il vient de rentrer dans son abri, après avoir aperçu l'épouvantail. Il est « blasé », pourrait-on dire métaphoriquement, sur un danger qu'il écarte désormais avec la plus grande facilité.

Peu à peu cet acte consistant à « rentrer chez soi » en cas d'alerte, va devenir une habitude invétérée, un véritable instinct qui maintiendra l'animal à la portée de l'homme et rendra possible la suppression de toute barrière.

Mais, avant de le laisser libre, il faut compléter son éducation, et, tout d'abord, lui faire faire ample connaissance avec les objets, les animaux qu'il est sujet à rencontrer dans une ferme. C'est la seconde partie de l'apprivoisement à la rotonde. Ce travail est assez long ; on y procède en plaçant objets et animaux sur le parcours de rentrée au nid. Comme ils ne causent jamais aucun mal à la bête que l'on domestique, celle-ci finit par n'y plus faire attention. L'atténuation des sensations affectives par la répétition est un fait du domaine de l'observation banale.

Ces transformations psychiques imposées si facilement à des animaux sauvages montrent que tout instinct dérivé est un ensemble toujours modifiable de réactions et de sensations et non point, comme on le pensait jadis, comme le croyait Fréd. Cuvier, une « faculté », une et indivisible, antérieure à l'expérience sensorielle et créée une fois pour toutes.

*
* *

L'apprivoisement revêt un caractère particulièrement intéressant quand il est appliqué à des espèces réputées féroces. Nous nous arrêterons à cette question, qui se confond avec celle de la genèse de « la bonté » et qui, au point de vue général, nous permettra d'insister sur la plasticité relative des instincts.

La notion de bonté, si claire dans le langage courant, n'est pas aussi simple au point de vue biologique. Dans bien des cas, elle perd complètement le sens qu'on lui attribue ordinairement. Les grands carnassiers qui ne peuvent vivre que de proies vivantes, sont-

ils donc « méchants » quand ils égorgent des herbivores ou d'autres animaux ? Non, certes, puisque leurs
fonctions les portent à agir ainsi et qu'ils ont été spé-
cialisés dans cette direction par les influences extérieures ! C'est agir selon la morale de leur espèce que de
suivre les grands courants de leurs instincts. A. Giard
l'a bien compris lorsqu'il a dit : « Un être criminel
est un être qui ne serait pas adapté à son milieu... Le
tigre qui ne dévorerait pas d'autres êtres serait vicieux
pour ses concitoyens tigres; il serait mal adapté et
serait mangé très rapidement. » Apprivoiser un tigre,
c'est donc le dépraver; voilà ce que nous appelons
cependant le rendre bon... Ceci prouve qu'il y a plusieurs morales.

La vraie « morale des animaux » à l'état de liberté
consiste dans l'organisation des rapports entre individus d'une même espèce. Chez les plus intelligents,
comme chez les plus inférieurs, l'affection familiale est
toujours basée sur l'intérêt de l'espèce et souvent stric-
tement limitée à des périodes correspondant à des
phénomènes physiologiques déterminés. (Par exemple
la protection maternelle chez les chiennes correspond à
l'époque où elles ont du lait; plus tard, elles traitent
leurs petits comme le premier chien venu.) Les soins
que donnent les parents aux jeunes sont probablement
des actes qui se rattachaient d'abord à la décharge
diffuse de l'énergie somatique et qui, peu à peu, ont
été fixés par la sélection parce qu'ils étaient utiles à
l'espèce.

L'union entre plusieurs individus est toujours limitée

à des circonstances données : ainsi, dans les ruches, le massacre des reines supplémentaires et des mâles devenus à charge à la communauté est de règle.... Il est bon de sonder ainsi le prétendu altruisme natif des animaux... ! Que dire des espèces, très nombreuses, chez lesquelles toute plainte est confondue avec le cri d'un ennemi qui faiblit et où il est de règle d'achever les blessés qui crient ? Que dans une cour, où des chiens sont lâchés, l'un d'eux se foule une patte en sautant, ou marche sur des pierres et jette des cris : tous les chiens se précipiteront immédiatement sur lui. Dans les cages des ménageries, dans les officines de dressage, des lions, des tigres, mis en présence ne s'occupent pas les uns des autres tant que le dompteur les force à « travailler »; mais que, pendant un exercice, un cri de détresse, une plainte retentisse, ou qu'un animal tombe : c'est instantanément une conflagration générale. Que, sur un arbre, un corbeau blessé, jette des cris : il viendra d'autres corbeaux qui l'achèveront. On a pris souvent ces instincts de combativité pour « une entr'aide » ! Cornish a cité le fait suivant : « Quelques vestiges d'altruisme se découvrent encore chez les animaux domestiques. C'est ainsi que j'ai vu un cochon essayant d'en aider un autre, d'une autre famille, à sortir d'une clôture en palissade où la pauvre bête s'était stupidement engagée. *Attiré par les cris du malheureux,..* le cochon arriva précipitamment, prit dans sa gueule la tête de son confrère et s'efforça de la tirer à lui ; sûrement il aurait arraché la tête du petit cochon si je n'étais point survenu. »

L'optimisme de l'excellent écrivain anglais était sans borne...

L'animal n'est *essentiellement* ni bon, ni méchant : il suit sa voie. Quand son intérêt, son plaisir, la satisfaction de ses instincts coïncident avec une douceur, qui se trouve être utile ou agréable à l'homme, on le proclame « bon ». Ni la bonté, ni la méchanceté ne sont, chez aucun animal, des instincts primordiaux dépendant de *sa nature* ; mais des instincts dérivés et toujours modifiables.

Si nous nous plaçons au point de vue de l'art des dompteurs ; il est évident que la transformation d'un lion ou d'un tigre en un animal que l'on puisse toucher et laisser à peu près libre impunément, comme un bon caniche, mérite d'être envisagée lorsqu'on s'occupe des moyens d'amender et d'éduquer les hommes...

Il y a deux manières de « dompter » les fauves, si l'on entend par dompter un animal entrer dans sa cage et le faire « travailler ». La première consiste à l'obliger à agir loin de soi, au bout du fouet ; la seconde à l'approcher, à le toucher, à lui ouvrir la gueule pour y placer la tête, etc. Cette seconde manière est une sorte d'apprivoisement.

Il est bien entendu que l'on ne tentera d'apprivoiser que des fauves encore jeunes. Ils seront toujours nourris très soigneusement ; on s'occupera ensuite de détruire la frayeur qu'ils ont de l'homme ; car *c'est dans l'affolement* de la peur qu'ils sont surtout dangereux. Pour rassurer son élève, le dompteur s'assoira au milieu de la cage et lui jettera à quelque distance, de

petits morceaux de viande. Peu à peu l'animal s'habitue
à la présence de l'homme et associe à sa vue l'impression
agréable de manger la viande qu'on lui jette. Ceci est
un procédé basé sur le même principe que les associations d'impressions dans l'apprivoisement à la rotonde. Finalement la bête, tout en craignant l'homme,
n'en a plus une peur qui l'affole, et elle finit par manifester son contentement quand il paraît dans la
cage. A la moindre manifestation d'hostilité le maître
sévit, frappe plus ou moins violemment, pique ou
brûle, quitte à recommencer à amadouer l'animal.
Il le tient ainsi dans une sorte d'équilibre psychique,
en le faisant osciller entre l'attirance, le plaisir fourni
par l'appât et, d'autre part, la douleur occasionnée par
le fouet ou la fourche. Et ce singulier traitement détermine une sorte *d'amitié respectueuse*. Peu à peu
l'animal est complètement vaincu ; il désire, il craint,
il a peur, il prend confiance d'après une intonation de
voix, un geste du maître.

Dans le « domptage » du premier ordre, qui ne vise
que les exercices exécutés au bout du fouet ; il se
produit aussi une atténuation considérable de la « fé-
rocité » native. Tant qu'une fauve n'a pas « une *fuite
réglée* » devant la cravache, tant qu'il ne sait pas se
placer dans les conditions matérielles où son maître le
laisse relativement en repos, il est dangereux, parce-
qu'il reste sous l'empire d'une peur excessive. (Il faut,
ici encore, se rappeler ce que nous avons dit de l'apprivoisement à la rotonde). Le fauve finit par trouver
dans quelque coin de cage, ou sur des appareils, des

instants de tranquillité pendant lesquels il se reprend ;
et, comme ce n'est que dans l'affolement qu'il est capable de se jeter sur l'homme, *une fois tranquillisé,
il cesse* d'être redoutable.

La règle générale est que tout mammifère carnassier.
pris à l'état sauvage *et n'ayant aucune tare*, peut devenir « bon » au sens humain : « Le lion, le tigre apprivoisés (écrivions-nous dans notre *Examen psychologique des animaux*) (1) se montrent affectueux pour ceux
qui les soignent et les caressent. » Nous avons gardé
pendant très longtemps dans notre cabinet un chacal
qui était aussi doux qu'un chien. Les animaux nés
dans les ménageries sont, quoi qu'on dise, beaucoup
moins à craindre que les autres.

Le cas des singes et des éléphants est tout particulier.

Les singes ont certainement *l'idée* de l'injustice de
leur condition de prisonniers ; le fait de les tenir captifs est pour eux un « grief » qui de jour en jour les rend
plus hostiles à l'homme ou plus mornes, plus *déses-
pérés*. J'ai élevé une multitude de singes appartenant
aux petites et aux grandes espèces ; et, à part ceux qui
étaient laissés en liberté, je ne crois pas pouvoir donner le nom d'attachement, d'amitié à ce qu'ils ressen-
taient pour moi ou pour leurs gardiens. Il leur arrivait
certainement de nous faire fête ; mais un instant après,
nous pouvions parfaitement recevoir un coup de dent.
Seuls, je le répète, les singes vivant en liberté s'atta-

(1) Paris, Schleicher.

chent réellement au maître. Parmi ceux qu'on enferme, beaucoup meurent d'ennui. M. le docteur Sokolowsky, attaché au jardin zoologique de Stellingen, nous a communiqué à ce sujet la note suivante : « Les jeunes gorilles que j'ai observés dans notre jardin zoologique ne vivaient que très peu de temps ; et l'on peut être convaincu qu'il se produit chez eux, une sorte de consomption par suite d'un véritable « désespoir ». Leur moral souffre visiblement ; ils restent silencieusement assis dans un coin de leur cage, mangent à peine les bananes, qu'on leur tend, et on les trouve morts un matin sans que leur autopsie puisse indiquer aucune maladie particulière. » Les macaques, les rhésus, les cynocéphales, et surtout les sapajous, ne se portent jamais aussi bien que quand on s'occupe d'eux avec sollicitude. Enfermés dans des cages étroites, ils deviennent tristes, ne mangent pas et tombent souvent malades. Il est vraiment impressionnant de voir la mimique des sapajous qui, du fond de leur cage, ont l'air de demander à leur gardien de les faire sortir, *de penser à eux !* Chez beaucoup d'espèces, à cette période de tristesse et d'humilité, succède celle de la méchanceté la plus manifeste. Les vieux singes sont pour la plupart intraitables.

Il en est à peu près de même des éléphants, dont les mâles adultes, quand on les tient enfermés, deviennent les plus dangereux animaux qu'il y ait au monde.

La conclusion de ce chapitre est que la transformation artificielle du caractère des animaux peut être beaucoup plus complète et moins lente que les théoriciens de l'évolution ne le supposaient eux-mêmes.

Les espèces supérieures, comme les singes et les éléphants sont plus difficiles que les autres à apprivoiser parce qu'elles souffrent « moralement » du manque d'indépendance, — ce qui indique une mentalité presque humaine.

CHAPITRE IV

ÉTUDE EXPÉRIMENTALE DES INSTINCTS DÉRIVÉS

Ce qu'enseigne le dressage.

A priori, l'étude du dressage, qui est l'art d'apprendre aux animaux des réactions précises constituant des instincts dérivés souvent fort complexes, semble, plus encore que l'apprivoisement, devoir donner à l'observateur des indications sur le psychisme animal.

« Le dressage, écrivions-nous dans une communication au Congrès de psychologie de Genève, est l'instruction que l'homme donne à l'animal. Mais tandis que le pédagogue, après avoir assujetti l'enfant à un apprentissage mécanique des notions élémentaires qui ne s'adressent qu'à la mémoire et aux réactions motrices (lecture, écriture, etc.), s'attache, en cultivant la raison de son élève, à développer en lui une indépendance morale relative, le dresseur se contente d'un enseignement rappelant seulement la première partie de l'œuvre du pédadogue. Sa tâche consiste à habituer l'animal à se rappeler que dans telles circonstances déterminées, il doit agir de telle façon; et cela place l'élève sous la dépendance du maître. Toutefois, ce serait trop de dire que le dressage crée « l'obéissance »; car, en dehors des quelques exercices qu'il connaît, l'animal dressé serait la plupart du temps bien empêché de satisfaire aux exigences de son maître; celui-ci lui inculque non l'obéissance, mais des « obéissances » particulières. »

Tout acte enseigné par le dressage est une dérivation, plus ou moins éloignée, d'actes relevant soit de la faim, soit de la peur ou des deux ensemble. Ce qui le caractérise c'est qu'il est relié à des excitations (geste ou voix de l'homme), substituées à celles qui, à l'état de nature, font agir les animaux.

Le premier pas dans le dressage est la lutte contre la paresse. Un caractère frappant de la bête capturée à l'état sauvage et vivant depuis quelque temps dans un endroit tranquille est son inertie. Certains lions captifs, par exemple, sont si paresseux que, si on n'y remédie, on est bientôt forcé, pour les faire passer d'une cage dans une autre, d'employer des leviers ou de les traîner par la queue. On a pensé à tort que la paresse est *naturelle*. De ce que « la nature » agit avec la plus grande économie possible, emploie les moyens les plus simples, on a conclu que l'animal vivant libre ou tenu enfermé accomplit toujours le moindre effort musculaire possible. Sans doute, toutes choses étant égales au point de vue de la sensibilité, l'animal adopte la voie du moindre effort musculaire ; mais cette condition est loin d'être toujours réalisée. Il faut, certes, tenir compte des sensations qui déterminent l'action. Pour économiser la douleur ou pour rechercher le plaisir, qui est la tendance même à la vie, l'animal ne peut pas, en toutes circonstances, économiser l'effort musculaire. Il n'est donc pas naturellement paresseux. Chez les animaux récemment importés, la paresse est le mal des déracinés qui ne connaissent rien de leur nouvelle patrie.

L'être qui vit à l'état de nature se meut parce qu'il est stimulé par les excitations sensorielles produites par le milieu où s'est développée son espèce ; si vous le transportez dans une cage ou dans un parc où il ne trouve rien de pareil, il reste inerte pendant de longues périodes : il est paresseux.

Pour lutter contre la paresse on a d'abord recours à des mouvements imposés. Cette gymnastique est indispensable à la santé physique comme à la santé morale. (C'est là une impérieuse nécessité que l'on a perdue de vue dans les *vivaria*.) Le mouvement est aussi indispensable à la vie que la nourriture elle-même et il est facile d'organiser des promenades quotidiennes pour les captifs d'un jardin d'essai. C'est une simple question d'installation et de gardiennage intelligemment compris. Un système de portes, de cloisons mobiles poussant le nouveau venu d'un parc dans un autre, lui donne vite l'habitude d'un parcours qu'il exécutera bientôt de lui-même, sans y être forcé.

Ces promenades seront une bonne préparation au

dressage proprement dit, qui, lui, est une lutte systématique et complète contre la paresse.

.·.

On a parfois affirmé que les dresseurs professionnels pourraient dresser uniquement par des caresses et par des dons de friandises un animal à n'importe quel exercice de cirque. Cela revient à demander à un peintre s'il ne pourrait pas faire un tableau où il n'y aurait que des « lumières » et point « d'ombres » ! Il faut bien que l'animal connaisse la douleur pour qu'il s'éloigne du fouet, comme il doit connaître le plaisir de manger des choses choisies pour qu'il vienne au maître qui les lui a offertes ! Mais l'apprentissage de la douleur et du plaisir doit être rapide et, à l'effet direct, il faut le plus vite possible substituer celui de la voix et faire dominer le plaisir.

Il y a deux emplois bien distincts de la voix Le premier consiste pour le dresseur à adopter un mot quelconque, le nom de l'animal par exemple, et à le prononcer sur des tons absolument différents au moment où il récompense et au moment où il punit. Il ne s'agit pas ici d'un ordre précis, mais d'une approbation ou d'une menace : « L'expression de la physionomie et surtout, par-dessus tout, l'intonation de la voix, écrivions-nous dans notre *Dressage des animaux*, jouent un rôle impulsif ou modérateur d'une grande importance. La voix du dresseur doit se faire entendre presque constamment au début des leçons et parcourir selon les besoins, toute une gamme, depuis l'encouragement gai, jusqu'à la gronderie « cavernèuse » et sonore du maître. Il y a là une gradation savante à observer. La voix doit tour à tour caresser et châtier, et, pour qui sait la conduire, elle devient un instrument incomparable (1). » Le pouvoir actif de la récompense et du châtiment passent bientôt de l'appât et de la cravache *à la voix*. Elle est dès lors un instrument toujours prêt, le plus souple de tous, permettant de profiter des moindres progrès de l'élève, de les amplifier par un encouragement immédiat, ou d'inhiber toute incartade, au moment même où elle se produit. Ce n'est là, bien entendu, qu'un simple association d'impressions et ce serait braver la loi d'économie que de supposer ici un détour intellectuel, une sorte de délibération dans laquelle l'animal se dirait qu'il agira de telle ou telle façon pour être agréable à son maître... Nombre de dresseurs ont eu cette illusion ; mais le phénomène est très suffisamment expliqué par la simple association des sensations.

Le second emploi de la voix consiste à prononcer, à articuler très nettement certains mots, toujours les mêmes, comme ordres particuliers devant déclancher les exercices. Les commandements doivent être brefs, il est bien inutile de tenir aux animaux de longs discours. Dans une circonstance donnée, avant de faire tel geste d'invitation ou de coercition, il faut toujours prononcer un mot choisi spécialement pour

---

(1) *Le Dressage des animaux* 1895.

obtenir par la suite un exercice déterminé. Plus tard le mot seul suffira à mettre la bête en mouvement. Afin d'éviter toute confusion, il convient de choisir des commandements très différents pour chaque cas particulier. Un point capital est de prononcer le mot constituant un ordre *avant* de déterminer une réaction par des moyens affectifs, et ceci non point parce qu'il est permis d'espérer que l'animal *comprendra* ce mot, mais parce que, comme nous le verrons, l'association entre les sensations affectives entraînant réaction et les sensations auditives se fera, de cette façon, beaucoup plus facilement que si ces dernières accompagnaient ou suivaient immédiatement les impressions affectives (loi de récurrence associative) (1).

Prenons immédiatement quelques faits expérimentaux pour faire comprendre en quoi consiste le dressage ordinaire.

Tout le dressage d'un cheval dit « d'École », consiste, au début, à agir avec la cravache, les éperons ou les rênes sur certains points déterminés de son corps, de façon à provoquer directement des réactions qui sont précisément les mouvements souhaités. On développe ensuite et on règle la sensibilité de ces points, — ce qui exagère les mouvements correspondants; enfin on donne par la répétition une sorte de rythme à ces mouvements en rythmant soi-même son action sur les points sensibles. Peu à peu cette action devient

(1) Chez un animal supérieur l'association est *plus facile* par récurrence, chez un animal inférieur, elle ne serait possible que par cette voie.

de plus en plus légère et finit par se réduire à des indications presque invisibles pour l'observateur. Dès lors la bête est dressée.

Dans les cirques, les dresseurs d'éléphants cherchent uniquement à déterminer des associations d'impressions et d'impulsions motrices par la contiguïté. Pour posséder la *direction* de leurs sujets ils les habituent au moyen de fourches et de fouets, à s'écarter d'eux et en leur montrant des aliments, ils les décident à s'approcher d'eux. Ils obtiennent de la même façon que leurs élèves s'approchent ou s'éloignent de différents appareils. L'éléphant agit en tout ceci, sans aucun raisonnement, par pur instinct. Si vous l'amenez devant un tricycle, par exemple, il n'a évidemment pas, en apercevant l'appât qui se trouve placé au-dessus, cette idée première : « Voici un petit pain... je vais, pour faire plaisir à mon maître, enfourcher ce vélocipède et *je mériterai* ainsi de manger le petit pain ! » L'éléphant ne fait pas de si longs raisonnements. Il marche simplement vers le petit pain ; et comme on s'est arrangé pour qu'il ne lui soit possible de le prendre qu'en mettant les pieds où l'on veut qu'il les mette, il réalise *sans s'en douter le moins du monde*, l'exercice qu'on lui demande. Quand, par la répétition, les impressions visuelles fournies par l'appât, le geste du maître et le tricycle se sont associées aux impressions si importantes du sens musculaire, l'exercice est su ; la chaîne d'impressions est continue et bientôt on peut se passer de l'appât ; à ce moment l'ordre du dresseur (geste ou parole) suffit pour déterminer l'exécution de l'exercice. L'éléphant serait-il donc dépourvu d'intelligence ? Non certes ; mais la faculté d'associer des impressions est seule utilisée par les dresseurs professionnels pour obtenir les exercices les plus compliqués en les décomposant et en se contentant de petits progrès. Si l'éléphant peut comprendre certaines choses — assez simples du reste — ce n'est pas à dire qu'il exécuterait, au besoin, *volontairément,* tout un numéro de cirque (souvent fatigant et toujours compliqué) sans avoir été plié à « ce travail » par d'invincibles associations d'impressions.

Les lions et les félins, y compris le chat, se dressent par la poursuite et par l'appât. S'il s'agit de faire sauter un chat au travers d'un cerceau, on place cet appareil entre deux tabourets ; sur le premier, on pose la bête, sur le second, un appât. Au besoin, on chasse avec la cravache, si l'appât ne produit pas l'effet désiré. La viande *attire,* la poursuite pousse, au contraire, vers un point donné.

On le voit, le dressage de tous les animaux de cirque repose sur des associations simples. Il consiste généralement en des espèces d'allongements, de transformations des instincts fondamentaux : faim et peur ; mais il est possible aussi d'utiliser de la même façon des instincts dérivés. C'est ainsi que l'otarie, étant très habile à poursuivre un poisson vers la surface de l'eau pour l'y acculer et l'y capturer après lui avoir barré la route de tous côtés grâce à des menaces rapides, on en profite pour faire tenir en équilibre par ce pinnipède des objets sur lesquels on a posé des poissons, ou qu ont simplement une odeur de poisson. En effet, empêcher un objet de tomber, c'est faire des « parades » de tous côtés en se portant vivement dans la direction vers laquelle il penche, absolument comme l'otarie coupe la retraite de tous côtés au poisson vivant qu'elle veut pousser vers la surface, où, ne pouvant aller plus haut, il sera pris.

.˙.

Nous avons décrit, dans un précédent chapitre, trois modes différents de répartition de l'énergie somatique. Or, dans les exemples de dressage que nous venons de donner, l'opérateur cherche à obtenir des réactions diverses en faisant simplement passer cette énergie dans tels ou tels organes (ceux de la nutrition ou ceux qui servent dans la fuite). Il reste deux autres modes de répartition de la « force vitale », qui tous deux comportent une sorte de décharge diffuse et peuvent être envisagés ensemble dans le dressage ; ils constituent une deuxième méthode d'éducation, le premier consistant en déplacements brusques de l'énergie, le second en un emploi d'un excès d'énergie (Jeu).

« On peut dire d'une façon générale, écrivions-nous dans la Genèse des Instincts, que, de même qu'un statuaire à deux moyens matériels pour réaliser son œuvre : ajouter des parcelles de cire à des parcelles de cire, ou bien prendre un bloc de matière et en enlever des parcelles jusqu'à ce qu'il ait obtenu la forme souhaitée, le dresseur a, lui aussi, deux procédés à sa

disposition : il peut *ajouter* des mouvements déterminés à ceux qui sont naturels à ses élèves, ou bien
encore provoquer, soit par la joie, soit par la peur (ne
dépassant pas une limite au delà de laquelle il y a inhibition), des mouvements nombreux et diffus parmi
lesquels *il choisira* ceux qui lui paraîtront intéressants ;
il les fixera finalement en les associant seuls à des
impressions agréables et à des sensations représentatives constituant des signaux-ordres, — ce qui revient
à *supprimer* tous les autres mouvements (p. 188). » De
même, en provoquant le jeu chez différents animaux,
on crée une foule de mouvements incohérents parmi
lesquels quelques-uns pourraient toujours être utilisés
par le dresseur. Un chien, par exemple, jouant près
d'un sac de toile ne manquera pas, à un moment donné,
de le prendre avec les dents. Or, si le dresseur encou-
rage seulement ces mouvements de préhension, au
cours de plusieurs séances de jeu, il arrivera par ce
moyen à obtenir que le chien rapporte (1). C'est par
un procédé analogue que l'on dresse les chevaux « calculateurs » : On commence par provoquer leur impa-
tience en secouant de l'avoine devant eux, hors de
leur portée et quand ils ont faim. Ils ne manquent pas,
alors, de faire différents mouvements désordonnés et

---

(1) Pendant des années, nous avons fait du dressage tel
qu'on le pratique ordinairement dans les cirques, sans employer le jeu. Nous avons encore de vieux animaux dressés
par cette méthode; or la différence est frappante avec ceux
que nous avons dressés depuis en les faisant jouer, les premiers savent infiniment plus de choses que les seconds.

de gratter le sol du pied droit de devant ou du gauche.
Il suffit ensuite de les récompenser dès qu'ils grattent
ainsi et pour leur faire compter un nombre de coups
déterminé, il ne reste plus qu'à leur apprendre à
s'arrêter à un signal. Autre exemple : Voici un fox-terrier qui a été dressé à la valse ; nous l'avons ensuite
fait « travailler » avec deux bull-terriers qui sautent à
la corde, et nous avons voulu qu'il saute en même
temps qu'eux. Le fox-terrier a pris l'habitude, sans
que nous le lui demandions, de valser entre chaque
saut. Et comme nous ne l'avons pas corrigé pour cela,
mais au contraire récompensé, il exécute toujours ce
mélange d'exercices qu'on ne lui avait pas demandés
au début.

Quels qu'aient été les moyens employés pour obtenir un « dressage » les mouvements qui le constituent
une fois bien appris, ont la même régularité que ceux
qui font partie des instincts naturels. Il n'y a objectivement aucune différence entre un complexe enseigné
et un instinct proprement dit ; on trouve chez l'un
et l'autre la même constance, le même automatisme.

*
* *

Une question très intéressante a été posée par
M. P. Mendousse. Le dressage savant est-il jamais,
au total « une diminution de l'individu qui le reçoit » ?

Un animal spécialisé dans l'exécution de certains
exercices aurait une tendance marquée à perdre la ca-

pacité de vivre à l'état de nature; replacé dans son
milieu originel, il serait incapable d'y trouver sa vie.
M. Mendousse oppose ici « l'éducation animale » qui
est pour lui, une sorte d'apprivoisement, une ébauche
de dressage, au dressage savant; le second, dit-il,
« équivaut si peu à l'éducation animale que, le plus
souvent un chien d'arrêt parfait au théâtre, perd ses
moyens dès qu'il arpente les guérets. Les concours
hippiques et autres épreuves réservent beaucoup de
déboires à tout dresseur qui s'attendrait à voir les sujets primés se comporter en pleine nature avec autant
de savoir-faire que devant les examinateurs. » Il est
évident que plus le dressage est poussé, plus il spé-
cialise l'individu; mais un chien dressé à l'arrêt au
théâtre, apprend très facilement l'arrêt en campagne,
il faut toutefois pour cela qu'on le fasse un peu « travailler » dans ce nouveau décor. Mais si vous le comparez au chien d'arrêt parfait en plaine et que l'on
amène au théâtre, sa supériorité est *écrasante*. Il faudra
que notre campagnard qui, le premier soir, fuira devant l'orchestre et les lumières, reçoive un long et pénible dressage pour jouer « à vide » le rôle qu'il jouait
si bien dans la réalité... S'il s'agit de mouvements
nouveaux à apprendre à un animal déjà dressé, l'ancienne éducation n'offre à ce travail aucune résistance,
si, bien entendu, il ne s'agit pas toutefois, de mouvements directement opposés à ceux déjà sus et devant
être déclanchés par les mêmes excitations. Bien plus,
si l'instruction qu'ils reçoivent au cirque ne permet
aux animaux d'exécuter leurs exercices que d'une cer-

taine manière (c'est-à-dire fort bien), elle ne les empêche en aucune façon de manifester leur spontanéité
en dehors du cercle étroit de ces exercices. Certains
donnent même des preuves remarquables d'intelligence, sans y être le moins du mondre invités et simplement parce que cela peut leur être en quelque
chose utile ou seulement *les amuse*. D'autres manifestent hautement leur mauvaise humeur et font grand
scandale quand leur force le leur permet (1). Ce ne
sont pas seulement les singes qui nous donnent un
tel spectacle : les chiens, les chats, les éléphants,
les rongeurs et même les oiseaux en sont fort capables.

« Voici, écrivions-nous dans notre *Examen psychologique des Animaux*, un fait observé par nous plusieurs
fois : quand un cheval que l'on exerce au manège
marche autour de la piste depuis deux ou trois minutes, il n'a plus qu'une idée, c'est de s'échapper et
de rentrer à l'écurie. Il n'a qu'un moyen pour y arriver ; c'est, s'il le peut, de se porter brusquement en
arrière au moment où il passe à la hauteur de la porte
et d'entraîner le dresseur à reculons ; or, le fait s'est
présenté très souvent dans notre manège. Il est vrai
que la porte s'ouvrait de l'intérieur à l'extérieur, par
une simple pression, et que nos chevaux le *savaient*.

Il est curieux de voir les chiens dressés à marcher

_____

(1) Comme par exemple, cet éléphant, *admirablement dressé*,
très soumis sur la piste et qui, dès qu'il se trouvait dans la
rue, se montrait intraitable, arrachait des arbres, défonçait
des devantures de boutiques, etc. *Les Journaux*, 1912.

debout sur les pattes de derrière se mettre dans cette position pour voir au loin ou pour mieux flairer une nourriture placée hors de leur portée. Il y aurait cent exemples curieux à donner de *l'initiative des animaux dressés*. Je ne rappellerai que le fait suivant, qui s'est passé il y a vingt ans à la frontière espagnole. Un clown dresseur de chats, chiens, rats, oiseaux, etc., accusé de quelque méfait et perdant la tête, se sauva en abandonnant tout ce qu'il possédait, mais après avoir ouvert les portes de ses cages. Ses bêtes se répandirent dans le pays... Or elles y vécurent fort bien en liberté ; et l'on y rencontra, pendant des années, des rats tachetés, des chats siamois et des chiens de races diverses, tous anciens artistes.

Si les animaux dressés, abandonnés à eux-mêmes, savent se tirer d'affaire avec autant d'habileté, il est vraiment impossible de croire que le dressage soit une diminution.

En résumé, les actes enseignés ne sont pas plus « entravants » que les instincts ordinaires : ce sont de véritables instincts nouveaux qui ne masquent les anciens que quand certaines conditions sont données.

Il ne peut, du reste, y avoir, pour un même animal, plusieurs manières de subir les excitations extérieures, qu'elles viennent des objets d'un milieu naturel ou d'un instructeur ; et nous pourrons donc obtenir des éclaircissements sur la genèse des mœurs et des industries animales en analysant de façon plus pénétrante les associations de sensations qui sont la base du dressage (1). C'est ce que nous tenterons de faire dans le chapitre suivant.

(1) Nous ne doutons guère que la constitution organique ne joue un rôle dans l'ensemble des conditions que l'instinct traduit ; mais elle n'intervient pas moins dans le dressage...

CHAPITRE V

PRINCIPALES LOIS DE L'ASSOCIATION DES SENSATIONS

Les « matériaux » que les associations unissent en complexes comprennent des sensations représentatives, venues par les appareils sensoriels, et des sensations affectives pouvant parvenir au *sensorium*, soit par la voie des sens, soit par celle des éléments nerveux ayant pour origine les organes internes. Les sensations représentatives homosensorielles ou hétérosensorielles s'associent entre elles avec la même facilité. Mais les sensations affectives ont une importance toute particulière dans la formation des complexes. La sensation-mère d'une association, *le bourgeon associatif*, est presque toujours une sensation affective (plaisir ou douleur), liée à une réaction motrice, qui la signale à l'observateur. Il semble que toute sensation affective « tonifie » ses voisines et crée rapidement entre elles un lien puissant.

La contiguïté des excitations détermine la contiguïté des sensations dans la « chaîne associative » et l'observation montre qu'en général les sensations se reproduisent dans l'ordre d'enregistrement. Mais il convient d'insister sur un point extrêmement important : en dehors des phénomènes intellectuels proprement dits, la chaîne s'allonge ordinairement par adjonctions opérées lors de répétitions des mêmes excitations extérieures, en remontant vers les premières sensations provoquées.

« C'est une erreur fondamentale, disions-nous dans une communication au Congrès de psychologie de Genève, de supposer que les moments où les sensations s'associent par contiguïté, se suivent toujours les uns les autres, *dans l'ordre même de succession* où les excitations se produisent dans le temps. Les complexes ne se forment pas ainsi dans le dressage; les associations qu'on y provoque sont *récurrentes*. C'est-à-dire que la chaîne est successivement rattachée de plus en plus haut, à des antécédents de plus en plus anciens, sans que l'ordre de succession des sensations qui aboutissent à l'acte soit changé, quand la chaîne est reproduite dans le champ de la mémoire. Il y a là une loi psychologique qui semble avoir une portée générale. »

Un exemple concret est nécessaire. Un chien doit être dressé à tourner autour de morceaux de carton sur lesquels des chiffres sont peints, et à ramasser l'un d'eux quand le maître produira un claquement de langue. Il faut que toutes les sensations qui, plus tard, devront être associées soient données dès les premières répétitions. On place sur l'un des cartons un petit sac de toile renfermant un os et, au moyen d'une longe, on force le chien à décrire un cercle autour des morceaux de carton. Quand il arrive à la hauteur de celui sur lequel on a placé le sac, on produit un claquement de langue et on laisse le chien s'emparer du sac. On le lui reprend d'ailleurs immédiatement et on lui donne en échange quelque gâteau. Plus tard il ramassera le sac, même s'il ne contient aucun os. Mais le claquement de langue ne suffirait pas encore à déterminer la prise d'un carton. Plus tard encore on pourra supprimer le sac, le chien ramassera le carton à la hauteur duquel il se trouve en décrivant son cercle, au moment précis où le claquement de langue se fait entendre. Or, l'impression auditive produite par l'appel de langue a toujours été provoquée *en premier* dans la chaîne et elle s'est associée aux autres et aux impulsions motrices *en dernier lieu*. C'est là le type des associations récurrentes.

De même, à un jeune cheval qui n'a jamais reçu aucune éducation, tenu à la longe et pouvant tourner en cercle, montrez un cube peint en rouge, une boule dorée, puis un fouet. Frappez-le avec le fouet, il bondira en avant. Arrêtez-le avec la longe après un tour de piste, et montrez-lui un triangle formé de lattes de bois peintes en blanc. Plus tard, vous pourrez lui représenter ce triangle qui a été vu *après* l'impression affective du coup de fouet : il ne produira aucun effet; en revanche, la boule dorée, qui a été vue immédiatement *avant* le fouet fera le même effet que lui, ou à peu près; et, si l'épreuve est répétée un nombre de fois suffisant, le cube rouge finira par faire, lui aussi, le même effet que le fouet.

Si on représente les sensations par les lettres : d, c, b, a et la réaction par r, le phénomène se présente sous cette forme :

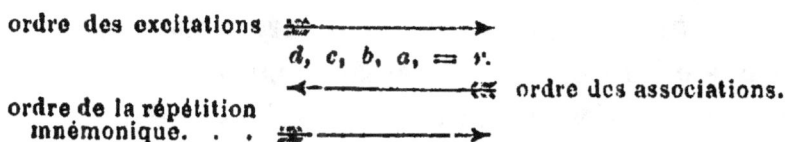

ordre des excitations →
$$d, c, b, a, = r.$$
← ordre des associations.
ordre de la répétition mnémonique. . . →

Les associations se font dans l'ordre alphabétique; mais dans la reproduction mnémonique, la succession des sensations et réflexes composant la chaîne est dirigée dans le sens contraire; en un mot, la chaîne s'allonge par adjonction en remontant vers les premières sensations provoquées et les maillons repassent dans le sens contraire dans le champ de la mémoire. Telle est la *loi de récurrence* (1).

M. le docteur Juquelier a fort bien montré à quels phénomènes répond cette loi en écrivant : « Chacun des temps d'un exercice compliqué devient un des maillons d'une chaîne continue et qui se déroule d'un bout à l'autre, dès qu'elle a été mise en mouvement. Mais, détail intéressant, cette chaîne se soude de l'extrémité-but à l'extrémité-signal, c'est-à-dire dans l'ordre inverse de celui dans lequel elle se déroule une fois constituée. »

La conséquence immédiate de la récurrence associative est l'anticipation. Puisque l'animal réagit à des

(1) Cette loi fut soumise à l'Académie des Sciences, le 24 janvier 1910.

signaux précédant les excitations qui, d'abord, étaient seules dynamogènes, il finit par agir plus tôt qu'au début; il « anticipe ». Ceci semble expliquer l'un des caractères les plus mystérieux de l'instinct : son caractère prophétique. L'oiseau migrateur quitte nos climats *avant* l'époque où il n'y trouve plus une nourriture suffisante, les passereaux nidifient *avant* la ponte, etc... Ces faits, qui paraissaient inexplicables, sont éclaircis par la loi de récurrence. En effet, lorsque des phénomènes du monde extérieur se reproduisent à époque fixe, si la chaîne psychique, d'abord exactement parallèle aux *derniers* d'entre eux et aboutissant à certains actes, est rattachée successivement à des souvenirs de plus en plus anciens, la réaction aura une tendance à se produire à la suite des *premiers* phénomènes extérieurs, c'est-à-dire à devancer les circonstances dans lesquelles elle se produisait d'abord. Il n'y aura plus alors synchronysme, mais prévision ; et si le fait est utile à l'espèce, les anticipations resteront acquises et se développeront. Les phénomènes physiques qui, dans nos contrées précèdent la raréfaction de la pâture, pour les passereaux granivores ou insectivores, et qui par cela même *l'annoncent* sans en être nécessairement les facteurs, sont nombreux; on peut, par exemple, citer le froid, la diminution de la longueur du jour, la chute des feuilles, etc... L'anticipation en ce qui concerne la nidification a consisté sans doute dans la destruction du synchronisme primitif entre la ponte et la fabrication du nid; il s'agit donc, ici, de deux séries de phénomènes, les uns psychiques, les autres physiologiques. Les oiseaux qui, probablement, ne façonnaient d'abord un nid que pour y couver, ont fini par le commencer dès que les sensations reliées aux rapports sexuels se produisaient. (Voir pour l'étude de cette question, qui aurait besoin de dévelopement, *la Genèse des Instincts*, pp. 140 à 164 et p. 302.)

La loi de récurrence est l'expression abstraite de faits psychiques qui ne seraient pas suffisamment déterminés si l'on se contentait de les expliquer par la substitution d'une excitation à une autre. Quand on parle d'une telle substitution, on entend désigner une association qui peut se faire entre une sensation dynamogène et une autre sensation *antérieure ou postérieure*. Or, si l'association est possible dans les deux sens, l'anticipation, lors de fonctionnements successifs ne s'explique plus, puisqu'il y a autant de chances pour que la soudure se fasse dans un sens que dans l'autre; mais s'il y a, chez les animaux, une tendance constante à associer dans le sens de la récurrence, les anticipations en résultent *ipso facto*.

Nous avons fait remarquer dans *la Genèse des Instincts* que lorsqu'on parle de « l'ancienneté » des sensations, il faut s'entendre. Il peut s'agir d'une ancienneté absolue ou d'une ancienneté relative. « Considérons, disions-nous, un complexe composé de sensations dont les dernières associées sont plus anciennes, au sens absolu, que les premières associées (ce qui satisfait à la loi de récurrence). Ce complexe, étant ordinairement déclanché par une sensation représentative que nous appellerons M, si, lors d'une des répétitions de la chaîne, puis, ensuite, à toutes les répétitions suivantes, une excitation *nouvelle* est donnée *avant* M, elle s'associera aux autres au bout d'un temps plus ou moins long, pourra devenir dynamogène et déterminer à son tour tout le complexe. Elle sera donc, au sens absolu, postérieure à M, mais dans toutes les nouvelles répétitions du complexe, elle aura été donnée avant M, et l'association se sera faite par récurrence. Il ne s'agit donc là que d'une ancienneté relative. »

Ceci permet, dans le dressage, de substituer peu à peu un signal auditif, non employé lors des premières répétitions, à un signal visuel; mais il est toujours beaucoup plus avantageux de donner, dès les premières leçons toutes les excitations diverses dont on se servira par la suite; et l'on ne doit avoir recours aux substitutions tardives que le moins possible.

Si on reprend pour les analyser les résultats que donnent les méthodes d'apprivoisement et de dressage, on constatera que *dans tous les cas où il n'y a pas de manifestations intellectuelles proprement dites*, la loi de récurrence s'applique.

⁂

Il faudrait étudier ici les nombreuses lois psychiques qui gouvernent les animaux et dont l'importance moins grande, croyons-nous, que celle de la récurrence, ne laisse pas cependant d'être considérable.

HACHET-SOUPLET.   5

Les *associations par ressemblance* sont toujours réductibles aux associations par contiguïté et ne constituent pas une « faculté » *supérieure*, ni même différente. Quand entre deux objets A et B dont l'un B, est seul connu de l'animal, il y a certains éléments communs, ces éléments suffisent, quand A est perçu, à rappeler les complexes de sensations relatifs à B —, ce qui d'ailleurs peut déterminer des fonctionnements à faux, des erreurs souvent funestes. Les associations par ressemblance ne deviennent réellement utiles que quand elles sont éclairées par une intelligence ouverte, développée.

Dans un grand nombre de cas, le mécanisme de *l'imitation* s'explique par des associations simples : Quand il se trouve que des représentants de plusieurs espèces différentes subissent *en même temps* des influences extérieures ou intérieures qui les font agir de façon analogue les uns et les autres, il en résulte pour A une tendance à associer ses propres sensations à celles que lui cause la vue des actes de B... De sorte que quand les circonstances extérieures qui agissaient d'abord sur tous les sujets, n'agissent plus sur le sujet A, tout en agissant sur B, A aura une tendance à imiter B. » Les espèces vivant en grands troupeaux, les herbivores, sont celles ou l'imitation est particulièrement tyrannique. Les singes ont une réputation d'imitateurs qu'ils ne méritent pas. Parce qu'ils ressemblent à l'homme et, comme lui, ont des mains, on a cru souvent qu'ils nous imitaient alors qu'ils agissaient simplement comme nous et sans penser le moins du monde à nous. La vérité est qu'il leur arrive de s'imiter *entre eux*, ce qui est différent.

Il y aurait, à propos du dressage, bien des considérations à émettre sur *la mémoire*.

Le procédé pratique le plus efficace pour graver des souvenirs nombreux est de commencer par les esquisser *tous* et de revenir constamment sur eux en provoquant à chaque répétition les mêmes excitations. C'est ce qu'a déjà signalé M. le docteur G. Le Bon : « Les exercices fondamentaux de chaque leçon, a-t-il écrit, doivent être commencés dès la première leçon et répétés à chacune d'elles (1) ».

Le nombre des répétitions nécessaires pour graver dans la mémoire un certain ensemble d'exercices n'est pas directement proportionnel au nombre de ces exercices. Si, par exemple, 5 exercices différents, enseignés en même temps, demandent, je suppose, 250 répétitions, 10 exercices ne demanderont guère davantage. (Les lois de M. Binet, qui concernent l'acquisition, pour ainsi dire instantanée, des souvenirs, ne s'appliquent pas ici.)

Les répétitions doivent être espacées. Celles que l'on impose coup sur coup ne donnent rien de bon. Il semble que l'effet de l'une détruise celui de l'autre, ou du moins en partie ; ce qui s'explique par des raisons physiologiques qu'a bien exposées M. H. Piéron dans son livre sur *l'Évolution de la mémoire*.

Enfin, des expériences, poursuivies pendant plus de

---

(1) *L'Équitation actuelle et ses principes*, par G. Le Bon.

dix ans à l'*Institut de psychologie zoologique*, ont permis d'établir que les habitudes imposées aux animaux sont transmissibles par hérédité (1).

Il nous est impossible de nous étendre davantage sur ces questions ; nous renvoyons le lecteur à nos mémoires spéciaux ; et allons aborder les manifestations intellectuelles proprement dites, laissées à peu près complètement de côté dans *la Genèse des Instincts*.

(1) Voir *La Genèse des Instincts*, p. 237.

CHAPITRE VI

DE L'ACTIVITÉ INTELLECTUELLE PROPREMENT DITE

Pour la commodité du langage, on personnifie souvent l'intelligence et l'on parle de son « travail », comme s'il s'agissait de l'action d'un pouvoir indépendant, qui classerait les données sensorielles ; il n'y a pourtant rien de pareil, ni chez l'homme, ni chez les animaux ; le « travail » intellectuel consiste en disjonctions, en attractions et en dispositions nouvelles des sensations et des impulsions motrices.

L'intelligence est faite des mêmes « matériaux » que l'instinct (sensations et impulsions motrices) ; mais, dans le fait d'intelligence, ils se trouvent employés autrement que dans le fait d'instinct. L'intelligence, au moment où elle naît, est forcément tributaire des acquisitions anciennes de l'instinct, c'est-à-dire de la mémoire ; et la première phase du phénomène d'intelligence est une disjonction des matériaux de l'instinct, une brisure de la chaîne associative qui, va permettre de nouvelles associations adaptées à des circonstances également nouvelles. En effet, les chaînes de sensations et d'impulsions motrices, réglées sur un certain ordre de choses, peuvent cesser de correspondre parfaitement aux réalités du monde extérieur, parce que ces dernières ont été *partiellement* modifiées; dans ce cas, le sujet retrouve des excitations propres à déclancher ses anciens réflexes, mais ceux-ci peuvent être mal adaptés à la circonstance présente. Si les habitudes du sujet ne peuvent être modifiées *immédiatement*, il commettra une erreur qui sera, la plupart du temps, très nuisible (1); mais chez d'autres animaux, il se produit, dans ce cas, un phénomène nouveau. L'ancienne chaîne est brisée; et, de ses morceaux groupés dans un ordre différent, une nouvelle chaîne adaptée à la circonstance présente, se forme. C'est la possibilité d'une rupture des chaînes constituées des instincts et la formation de chaînes provisoires nouvelles et adaptées à des cas éventuels, qui caractérise l'intelligence naissante.

L'adaptation intellectuelle est immédiate, ou plutôt relativement immédiate. Il convient, en effet, de tenir compte, de l'activité physique de chaque espèce. Une adaptation est immédiate chez un chat qui, en quelques minutes, ouvre une porte de garde-manger fermée au loquet; et si un Bradype, qui se meut beaucoup plus lentement qu'un chat, accomplit plus lentement le même acte, sans toutefois tâtonner davantage, il y a

---

(1) Il y a cependant des « erreurs utiles ». Voir *la Genèse des Instincts*, p. 184.

encore adaptation relativement immédiate. On doit, d'ailleurs, tenir compte du facteur de l'activité physique dans toutes les expériences où l'on fait intervenir l'idée de temps, en introduisant dans l'équation le coefficient de combustion respiratoire, lequel est en relation directe avec l'activité physique de chaque espèce.

L'intelligence ne remanie pas tout le domaine des instincts. Loin de les remplacer, ou seulement de déranger leurs grandes lignes essentielles, elle ne modifie que leurs *frontières* en contact avec le monde extérieur pour assurer un meilleur fonctionnement organique. Elle les fortifie même en créant des instincts nouveaux ; et nous retrouvons ici les instincts, dits *secondaires*, de Condillac, En effet, si les mêmes complexes d'associations intelligentes ne sont pas évoqués fréquemment, ils ne demeurent pas dans la mémoire ; si, au contraire, ils sont très souvent rappelés, ils finissent par se fixer et par former des chaînes rigides. Ce sont là des cas assez rares chez les animaux et le jeune enfant, mais très fréquents chez l'homme.

La souple intelligence remédie aux catastrophes qu'amènerait souvent la rigidité de l'instinct pur, inapte à s'adapter immédiatement. Symboliquement elle apparaît donc comme une espèce de révolte de la vie contre les erreurs de l'instinct ; elle les redresse, coupe au court et va droit au but. C'est seulement dans la sphère des idées complexes, prêtant à des interprétations diverses et subtiles que s'applique la pensée de Vauvenargues : « Personne n'est sujet à plus de fautes que ceux qui n'agissent que par réflexion. »

Dans la vie pratique, semée de difficultés relativement simples, qui seraient des obstacles à l'instinct, parce qu'il ne peut fonctionner dès qu'il est en présence de certaines nouveautés, la réflexion peut devenir le guide le plus sûr.

En général, les manifestations intellectuelles, chez les animaux, sont extrêmement fugitives. Les chiens, par exemple, sont capables d'élaborer des jugements ; mais ce sont des *éclairs psychiques*, qui, une fois passés, les laissent, pour un temps, sous la domination unique des instincts. On constate chez eux des preuves d'une intelligence « merveilleuse » ; mais on est surpris de les voir, ensuite, retomber à une sorte d'inertie du cerveau ; et l'on en arrive à se poser cette question : « Est-ce que ces malicieux personnages ne joueraient pas, par moments, la comédie de la bêtise ? » Non, assurément, disions-nous déjà, dans notre *Examen psychologique des animaux*, ils ne la jouent pas, mais leur intelligence est en voie de formation, leur cerveau s'éclaire seulement par des états conscients momentanés ; *et tandis que la raison humaine est une suite d'états conscients, se suivant, presque sans arrêt, dans le temps, celle de la bête est constituée par des états conscients momentanés.* Leur plus ou moins grande fréquence détermine la plus ou moins grande intelligence de l'individu soumis à l'examen. » Chez l'homme lui-même, n'y a-t-il pas des moments où l'instinct primaire tout-puissant reprend ses droits, qui sont ceux de l'espèce, et conduit à des actes nocifs qu'aurait empêchés l'intelligence ?

On s'est demandé souvent si l'intelligence suppose nécessairement *la conscience* chez les animaux. Cette question divise naturalistes et philosophes. Il suffit, semble-t-il, de revenir aux définitions pour s'entendre sur ce point.

L'adaptation immédiate à un cas nouveau, qui caractérise l'intelligence, ne pourrait être réalisée si l'animal n'avait pas conscience de l'intérêt qu'elle offre pour lui ; or cette conscience suppose nécessairement celle du moi. L'animal ne peut concevoir intellectuellement l'utilité d'une adaptation immédiate à une circonstance nouvelle, née dans le milieu où il vit, que quand il sait déjà qu'il est un tout distinct du monde environnant. La définition de l'intelligence implique donc une conscience intérieure, nous voulons dire la conscience « adulte » des classiques, celle qui est caractérisée par la notion de personnalité. L'intelligence implique *a fortiori* cette conscience rudimentaire — qui est déjà « la conscience » pour les classiques et qui se réduit à la seule sensibilité, à la sensation. Mais il faut observer qu'en revanche la sensation considérée isolément comme état de conscience, n'implique nullement l'intelligence (1).

(1) Les évolutionnistes ont, en général, employé presque indifféremment les mots « intelligence » et « conscience ». Nous extrayons de l'ouvrage de M. Ed. PERRIER, *Anatomie et physiologie animales*, les citations suivantes: « Le défaut total de conscience n'est-il pas un des caractères les plus nets de l'instinct? » p. 199. « Deux choses distinguent l'instinct de l'intelligence: l'absence de conscience des actes accomplis, la présence dans le *sensorium* d'images que la con-

.·.

Les philosophes n'ont pas toujours examiné froidement l'intelligence animale. On l'a niée et exaltée également sans mesure. M. Y. Delage a bien analysé la seconde de ces deux tendances : « Le procédé des avocats de l'intelligence animale, a-t-il écrit, est le suivant : recueillir des histoires d'actes merveilleux accomplis par des animaux et les interpréter en toute sincérité d'ailleurs, comme s'ils avaient eu pour auteur un être humain, en leur attribuant les mêmes mobiles, en les rattachant aux mêmes opérations intellectuelles qui seraient intervenues chez un homme. »

C'est ici que la loi d'économie doit être appliquée.

Il faut d'abord être sûr des renseignements, des faits que l'on doit interpréter. Cette condition est toujours réalisée quand il s'agit d'expériences renouvelables dont on connaît toutes les conditions ; il en est autrement si les documents à employer consistent en observations simples, toujours difficiles à renouveler, et surtout si on n'a, pour toutes données, que des observations que l'on n'a pas faites soi-même.

Combien de véritables romans zoologiques ont été reproduits, et le sont encore dans les traités d'histoire naturelle les plus récents ! Est-il une histoire plus connue et moins discutée que celle des chiens du

science n'y a pas fixées », *loc. cit.*, p. 200. « Dès que la conscience se développe, l'intelligence proprement dite apparaît, elle croit en même temps que la conscience..., l'intelligence se superpose à l'instinct », *loc. cit.*, p. 202.

Mont Saint-Bernard ; et qui n'a lu *avec émotion* le récit concernant Barry ? « Son haut fait le plus touchant, a écrit M. Ménégaux dans *la Vie des Animaux illustrée*, est bien connu. Il trouva un jour dans une grotte de glace, un enfant égaré et engourdi déjà par le sommeil qui amène la mort. Il se mit à le lécher, à le réchauffer jusqu'à ce qu'il l'eût éveillé, puis, par ses caresses *il sut lui faire comprendre* qu'il devait se mettre sur son dos et s'attacher à son cou. Il entra *en triomphe* dans la maison hospitalière avec son précieux fardeau... Ce chien avait la singulière habitude d'obliger tous les soldats qu'il rencontrait à mettre l'arme au bras (1)... » Or un homme plus autorisé que quiconque à exprimer une opinion sur les faits qui nous occupent et placé par son caractère au-dessus de tout soupçon, M. le Chanoine Lugon, *prieur du grand Saint-Bernard* a bien voulu nous adresser un rapport circonstancié sur les chiens de *son* hospice et il y détruit complètement la légende des chiens sauveteurs qui parcouraient seuls le col du Saint-Bernard à la recherche des voyageurs égarés. M. le Chanoine Lugon a de bonnes raisons pour ne pas croire à l'aventure de Barry ; elle est le produit de l'imagination pure : les chiens du Saint-Bernard n'agissent jamais spontanément ; ils ont toujours subi un dressage sévère ; et quand ils sortent, il sont *toujours accompagnés* par un ou plusieurs moines ! Voici donc une histoire qui a fourni des centaines de pages aux

(1) *La Vie des animaux illustrée*, p. 382.

« naturalistes », et aucun d'eux (même parmi ceux qui écrivent à notre époque) n'a songé à la vérifier, à aller à la source !

Lorsque l'observateur est certain de l'exactitude des faits à interpréter, il doit se demander, en examinant ses propres facultés psychiques, quelle est *la plus simple* parmi celles qui pourraient expliquer l'acte accompli par l'animal.

Nous nous conformerons à cette discipline dans les chapitres suivants.

CHAPITRE VII

LA NOTION DE CAUSALITÉ

On détermine fort bien en psychologie expérimentale
la puissance ou les défaillances de l'attention chez
l'homme. M. A. Binet et quelques autres savants ont in-
venté d'ingénieux procédés qui permettent d'atteindre
ce but ; l'épreuve consiste, par exemple, à faire barrer
par le sujet, sans discontinuer et sans jamais revenir
en arrière, certaines lettres, toujours les mêmes, dans
un texte imprimé. On inscrit l'augmentation ou la
diminution des erreurs et l'on compare la courbe de
tel sujet à celle de tel autre sujet. Appliquant ce principe aux bêtes, nous avons construit des « machines
à mesurer l'attention ».

La première est destinée aux animaux supérieurs.
Le sujet est placé devant un disque vertical, percé de
plusieurs ouvertures circulaires et tournant d'un mouvement uniforme. On l'habitue à prendre en passant la
tête dans un des trous, une nourriture qui lui plaît
tout particulièrement ; cette petite fenêtre est entourée

d'un cercle rouge. Chaque fois que la bête passe la
tête dans un des autres trous, entourés de cercles de
diverses couleurs, elle reçoit une légère secousse élec-
trique, et l'acte est noté comme une « erreur ». On
mesure son attention, lors des épreuves successives,
d'après le chiffre de ses erreurs dont on établit la courbe.
Chaque individu arrive finalement à un degré maxi-
mum d'attention et ne « désapprend » pas, s'il est
exercé de temps en temps et si aucune cause extérieure
ne le trouble au moment de l'épreuve.

Il y a des moyens pour rendre soutenue l'attention
des singes, chiens, ours, et autres mammifères très
intelligents. En règle générale, l'expérimentateur nourrit *lui-même* son élève pendant quelque temps ; puis il
le place dans une chambre d'observation. C'est du
moins ainsi que nous procédons à l'*Institut de psychologie zoologique*. La chambre d'observation est entièrement peinte en gris, d'un ton absolument uniforme,
depuis le plancher jusqu'au plafond ; et il ne s'y trouve
aucun objet. Tout à coup le professeur appelle l'attention de l'élève au moyen d'un claquement de langue
et d'un geste, puis il désigne de la main un point de
la chambre, où, immédiatement *après* ce geste, éclate,
derrière la cloison, une sonnerie brève ; ou bien encore un autre geste est suivi d'une projection de
rayons de lumière. Des excitations de ce genre sont
provoquées à intervalles égaux ; elles « étonnent »
d'abord l'animal par leur nouveauté ; en quelque sorte
elles « l'intriguent », et, s'il est vraiment intelligent,
l'habituent à porter ses « réflexions » du côté où le

maître veut qu'elles se trouvent portées. C'est une gymnastique préparatoire, un puissant entraînement intellectuel.

Pour les poissons, les insectes et en général les animaux inférieurs le dispositif employé comporte un appareil très simple.

Lorsqu'on fait tourner lentement autour d'un petit animal enfermé dans une cage de verre (ou dans un bocal s'il s'agit d'une espèce aquatique) un écran circulaire à l'intérieur duquel on a peint de larges raies verticales noires et blanches, on peut constater qu'à part de rares exceptions, l'animal se met à marcher ou à nager dans le même sens que l'écran (1). Le synchronisme devient parfait après une ou deux minutes. Les troubles de l'attention sont mesurés par les manquements au synchronisme.

L'étude de l'attention se confond avec celle de la curiosité, qui est une manifestation très développée, très « intellectualisée », de l'attention,

*
* *

Un acte est logique quand l'ordre dans lequel se produisent les sensations et réactions qui le constituent, correspond à un état réel et actuel des choses.

(1) On a dit qu'il *suit* les raies noires et aussi qu'il y a là un tropisme au sens de Lœb. Il s'agit tout simplement d'une *fuite devant* les raies noires, qui sont pour le sujet des ombres menaçantes. Nous avons institué des expériences spéciales qui ne laissent aucun doute à ce sujet.

Les actes d'instinct sont logiques lorsqu'ils se produisent normalement; mais ce qu'ils ont de logique est le résultat d'adaptations anciennes subies (et non provoquées) par les ancêtres de l'animal considéré. Ces actes, bien que psychiques, tiennent de ce que l'on peut appeler la logique des choses et restent encore très loin des démarches de la raison. Ils sont l'aboutissement d'une sorte de lent façonnement matériel de la substance vivante au contact du monde extérieur et symboliquement comparables au moulage d'un glacier dans les rochers qui l'enserrent.

Un animal doué seulement d'instinct sait agir d'après un certain nombre d'objets fixes ou en mouvement, parfaitement connus de lui et toujours les mêmes ou à peu près les mêmes. L'être intelligent, lui, crée instantanément quand le besoin s'en fait sentir, en présence de circonstances contingentes, l'ordre logique des actions qu'il accomplit; il sait tenir compte des mouvements complexes et nouveaux des objets; il perçoit leur réalité changeante.

« L'intelligence, a écrit M. Bergson, est la faculté de fabriquer et d'employer des instruments inorganisés. » Cette faculté est une marque d'intelligence chaque fois qu'il ne s'agit point d'instruments employés par l'espèce, mais réalisés, en vue d'un but nouveau, par l'individu. Ainsi la toile de l'araignée, le fourreau de la phrygane, la cloche de l'argyronète ne prouvent rien pour l'intelligence de ces animaux, tandis que l'acte d'un animal qui utilise spontanément un levier, par exemple pour forcer une porte, ne peut s'expliquer

que par l'existence de la notion de connexion nécessaire et d'efficacité causatrice.

Une telle notion provient toujours de nombreuses
expériences personnelles qu'elle synthétise :

« Après une répétition fréquente, dit Hume, il
arrive qu'à l'apparition de l'un des objets, l'esprit est
déterminé par l'habitude à envisager son compagnon
ordinaire. C'est cette impression ou détermination qui
m'apporte l'idée de nécessité. Cette idée une fois
acquise par le sentiment de ce qui se passe en nous,
nous la projetons au dehors de nous, nous l'objecti-
vons en transportant aux objets quelque chose de
semblable à cette détermination nécessaire que nous
sentons entre ces idées. » La formation de l'idée de
cause repose nécessairement sur une abstraction. De
séries analogues de phénomènes de succession, les
caractères les plus saillants finissent par s'abstraire et
l'idée de connexion nécessaire se construit. Le caractère
de généralité, qui la rend utile dans une foule de cas
nouveaux, la différencie de la simple notion de contiguïté particulière qui lui a servi de base.

De ce que l'expérience aboutit souvent à l'erreur en
cherchant à déterminer les antécédents d'un fait, il ne
résulte pas que la notion de cause ne soit pas le produit de l'expérience. On aurait tort, sans doute, de
conclure que la nuit détermine, « est cause » du jour
parce que celle-ci le précède; mais c'est par une connaissance plus complète des faits que l'erreur sera dé-
noncée. La notion de cause n'est en somme qu'une
notion de succession bien vérifiée et abstraite.

D'ailleurs il est possible d'assister à la naissance de cette si importante notion.

Un animal adulte, bien constitué, mais qui, isolé expérimentalement, n'a pas été à même d'exercer ses différents sens, est incapable d'inventer un moyen approprié à un but nouveau dans sa vie, tandis que des sujets témoins, de la même espèce, y arrivent fort bien. Un singe, élevé dans une chambre d'isolement, ne manifeste aucun étonnement quand des objets, mus par des fils ou poussés par une projection d'air, semblent se mouvoir *sans cause*, tandis que, d'ordinaire, singes et chiens sont extrêmement impressionnés par cet apparent prodige. C'est seulement peu à peu, grâce à ses observations personnelles, que l'animal se rend compte de la succession nécessaire de différents faits et devient capable de créer intentionnellement une pareille succession.

La mise en jeu de mécanismes simples, nouveaux pour le sujet, est intéressante au point de vue de l'étude de la notion de cause. Les journaux et les revues illustrées ont trop vulgarisé les expériences pratiquées dans nos laboratoires sur ce thème pour qu'il soit utile de les décrire ici. Nous rapporterons seulement, d'après le Bulletin de notre Institut, le compte rendu de nos essais sur un lion de la ménagerie du Muséum (mai 1901). « Le lion, poussé dans la cage où l'on avait placé la boîte à pâture, manifesta d'abord un sentiment d'inquiétude; on le lisait clairement dans ses attitudes et, si j'ose dire, sur sa « physionomie », puis, il se rassura et, après quelques hésitations, s'approcha très doucement de la boîte, la flaira, se convainquit de l'existence de son contenu, et, dès lors, manifesta un vif désir de s'emparer de l'appât. Cependant il n'essaya nullement de briser les planches ; il examinait l'appareil avec beaucoup *d'attention* et, finalement, il prit délicatement entre ses dents, le bord du couvercle et le souleva sans violence. Il se trouvait alors devant la boîte, du côté opposé aux charnières ; il fallait donc qu'il avançât le cou au-dessus de la boîte, en tenant le couvercle, et qu'il n'abandonnât celui-ci qu'après l'avoir assez largement ouvert pour le faire retomber de l'autre côté, et il fallait qu'il le fît malgré la tentation offerte par la viande, au moment où sa gueule passerait au-dessus de l'appât. Or tous ces mouvements ont été exécutés par le lion, sans hâte, d'une façon relativement précise et, pour ainsi dire, *raisonnablement*. L'épreuve a duré trois minutes (1). »

Nos expériences sur l'intelligence des mécanismes n'ont pas le même caractère que celles de M. Thorndike, qui, depuis, ont été vulgarisées en France. Ce savant enfermait des animaux qui avaient à ouvrir des portes pour se libérer, tandis que nos sujets devaient soit pénétrer dans des garde-manger, soit ouvrir des boîtes. M. Thorndike affamait ses sujets; nous les nourrissions au contraire normalement et notre appât n'était qu'un *supplément*, une prime accordée à l'intelligence. Enfin les sujets du savant américain

(1) *Bulletin de l'Institut de psychologie zoologique*, octobre 1901.

n'avaient qu'exceptionnellement sous les yeux *tous* les rouages du mécanisme, souvent compliqué, à l'aide duquel la porte de leur prison pouvait être ouverte ; il leur était donc impossible de *comprendre* le jeu de ce mécanisme, et ils ne pouvaient que tâtonner et découvrir par hasard le moyen de s'échapper. On a eu tort assurément d'en conclure qu'ils étaient réellement incapables de *comprendre* le jeu d'un mécanisme simple dont toutes les parties seraient exposées à leur vue.

La souplesse des membres des espèces du genre chat semble particulièrement favorable au développement de l'intelligence, à la manœuvre des mécanismes et à l'ouverture des boîtes ; car elle est un moyen de se rendre compte *musculairement* des conditions extérieures, et un plan une fois conçu, elle en permet l'exécution aisée. Quant aux singes, leurs prouesses à ce point de vue sont bien connues. Les souris, les rats, les hamsters, les écureuils, si habiles à se servir de leurs membres antérieurs, donnent, eux aussi, des preuves de la plus vive intelligence dans la manœuvre des boîtes et des mécanismes. Presque tous les hamsters que nous avons possédés savaient *sans dressage* provoquer la chute d'un petit seau plein de grain en rongeant la corde de soutien qui, partant de ce seau passait sur une poulie et s'attachait à un piton sur le plancher de la cage. Quelquefois plusieurs hamsters se mettaient ensemble à ronger la corde et il était très instructif de remarquer qu'ils se toléraient mutuellement tant que la besogne n'était pas faite et se battaient dès que le seau était par terre...

Voici quelques expériences dans lesquelles il ne s'agit plus de cages ni de boîtes, mais qui, elles aussi, semblent fournir des preuves de l'existence de la notion de cause et d'une intelligence des plus vives chez les espèces observées. Nous extrayons leur compte rendu du *Bulletin de l'Institut de psychologie zoologique :* La première concerne un coati. On sait que l'espèce est très friande d'œufs de poule; nous en plaçâmes un sur une haute cheminée de façon qu'il pût être vu du coati et, après avoir éloigné légèrement les sièges, nous quittâmes la pièce, en nous arrangeant toutefois de manière à ne rien perdre de ce que ferait notre sujet. Il s'agita d'abord, sauta deux ou trois fois; mais, voyant que son élan ne le portait qu'à mi-hauteur de la tablette, il sembla réfléchir un instant. Il se dirigea ensuite vers une chaise en chêne ciré qu'il essaya d'attirer du côté de la cheminée, mais ses pattes glissaient sur le bois, et il renonça à son entreprise; il semblait désespéré. Cependant il aperçut, dans un coin, un paquet de vieux chiffons et parut frappé d'une véritable *idée. Ayant pris une des bandelettes, il en entoura le pied de la chaise et se mit à l'attirer à reculons.* Quand le siège fut contre la cheminée, en deux bonds, le coati monta sur celle-ci et s'empara de l'œuf.

La preuve de la conception d'un rapport entre plusieurs objets et d'une véritable faculté de raisonnement nous a été donnée par un sapajou, dans sa recherche *des moyens d'échapper* à la douleur. Cet animal (d'une espèce peu élevée parmi les singes) était sujet à des maux de dents chaque fois qu'il mangeait des noix ;

de petits morceaux se logeaient entre ses dents et lui causaient de vives douleurs qu'il manifestait par de grands mouvements; il essayait de retirer avec ses doigts les morceaux de noix, mais n'y parvenait que très imparfaitement. L'idée nous vint alors de lui donner les moyens de se tirer d'affaire, tout en le mettant sur la voie des actes qu'il devait accomplir. Pour remplir ce programme, après l'avoir bourré de noix, que sa gourmandise lui faisait absorber malgré les suites à craindre, nous déposâmes dans sa cage une petite tige de fer courte et assez grosse et une pierre à aiguiser. Or au bout d'une heure, il avait fait un cure-dents dont il se servit à sa grande satisfaction.

Il s'agit bien ici de la fabrication d'un outil « non organisé », au sens de M. Bergson.

Nous avons eu des singes très habiles à fabriquer des espèces de massues avec du bois tendre dont ils déchiquetaient toutes les fibres inutiles à leur but. D'autres se fabriquaient des colliers avec des coquillages (percés à l'avance) qu'ils enfilaient dans des cordelettes.

Une des expériences qui nous donnèrent le plus de satisfaction fut une épreuve de stimulation à laquelle fut soumis un singe (bonnet-chinois), âgé d'une quinzaine d'années et exceptionnellement « méchant » (1). Ce quadrumane avait déjà donné la preuve d'une ruse admirable par sa façon d'ouvrir sa cage et de bondir sur des passants. Nous voulûmes profiter de son ardent

---

(1) Il nous avait été vendu par le directeur d'une ménagerie où il était fort maltraité.

désir de liberté et savoir jusqu'à quel point il pourrait être servi par la raison. Le bonnet-chinois fut placé dans un îlot et on lui donna sous forme d'une petite barque, le moyen de gagner le bord de la pièce d'eau où nous nous tenions nous-même. Dans le fond de la barque reposait l'extrémité d'une corde amarrée par l'autre bout à un piquet placé à mes pieds (1). Le singe, après mille gambades et démonstrations de fureur..., finit par s'embarquer, par haler la corde et sauter sur le rivage, où je l'attendais, les mains du reste préservées par des gants épais; car c'était pour se précipiter sur moi qu'il avait mis son intelligence au service de sa méchanceté. Il paraît équitable de placer ce bonnet-chinois à un niveau psychologique très élevé.

Nous avons vu des singes de diverses espèces, des chimpanzés, des gibbons, des capucins et même des macaques, utiliser d'eux-mêmes des gobelets pour boire, déboucher des bouteilles avec un tire-bouchon, tourner un robinet pour se procurer de l'eau, se laver, s'essuyer avec une serviette; faire leur lit, passer un paletot, se jeter sur les épaules une couverture, etc...

On ignore si quelques anthropoïdes, à l'état sauvage, ne sont pas capables de faire un emploi intellig. nt du feu. Quant aux singes captifs, il est en général impossible de les décider à allumer une bougie au moyen d'une allumette sans les y contraindre par un

(1) Notons que les macaques savent nager. Mais ils ne se jettent d'eux-mêmes à l'eau que très rarement; et jamais ils ne le font quand l'eau est froide, comme c'était le cas au moment de l'expérience.

dressage en règle. (Dans ce cas, on guide la main du singe entre les doigts de laquelle on a placé une allumette.) Nous ne pouvons signaler qu'un seul cas dans lequel un singe obtint du feu sous nos yeux, par sa propre industrie. C'était un babouin. Il s'entendait on ne peut mieux à allumer par rotation alternative d'un bâton, la sciure de bois d'un briquet d'Iroquois (briquet légèrement modifié d'ailleurs); et comme une mèche reliait cette sciure à un petit calorifère à gaz dont il savait tourner le robinet, il se procurait ainsi une douce chaleur. Il usait très largement de ce procédé sous la discrète surveillance d'un gardien. Tant que la flamme n'était pas obtenue, notre babouin s'acharnait sur les morceaux de bois; mais dès que le calorifère fonctionnait, le briquet était laissé complètement de côté — ce qui montre assez bien que le singe avait fini par concevoir la notion de cause et d'effet.

Les exhibitions de chimpanzés dans les music-halls ont donné naissance à de nombreuses confusions. Il faut avoir longuement observé des singes de cette espèce pour déterminer la part d'intelligence que comportent leurs petites comédies. Le public est en général porté à supposer que ces premiers rôles de la gent simiesque accomplissent tout leur « numéro » en étant guidés par la raison. Ils sont à vrai dire dressés dans une certaine mesure, comme nous allons le constater. Voici, d'abord, la description des petites scènes jouées par un de ces singes, l'un des plus célèbres dans les théâtres de variétés. Le chimpanzé entre habillé en gentleman et exécute les actes suivants :

Saluer, serrer la main du chef d'orchestre, retirer son pardessus et son chapeau, accrocher l'un et l'autre; se mettre à table, manger avec une fourchette, déboucher une bouteille, boire au verre, frotter une allumette, fumer un cigare, recevoir une lettre cachetée, l'ouvrir, mettre des lunettes comme pour lire, se déshabiller, se coucher dans un lit, souffler la bougie, se lever (ici un servant vient attacher des patins à roulettes aux mains postérieures du singe); patiner, diriger une bicyclette, éviter des obstacles placés au hasard sur la scène, passer sur une planche mise en bascule, descendre un petit escalier, toujours à bicyclette, saisir sur une chaise avec une main postérieure, tout en pédalant, un verre à boire plein, le boire et, au tour suivant, le remettre en place. Nous avons pu nous rendre compte par nos propres essais que le dressage consiste ici : 1° à relier, par la répétition, des actes d'abord exécutés intelligemment par le singe (par exemple retirer son paletot, piquer sa nourriture solide au bout d'une fourchette, etc.); 2° à déterminer par des associations simples, d'autres actes que l'on n'a pas pu obtenir par persuasion. Dans ce dernier cas on fait intervenir des espèces d'essais, au cours desquels les mouvements réussis sont peu à peu sélectionnés (c'est de cette façon que l'animal apprend à se tenir sur une bicyclette et à pédaler). Quant à savoir éviter les obstacles placés çà et là sur la scène, l'animal semble y arriver par une adaption intelligente; en effet, après quelques échecs, il y a une brusque réussite et non un lent établissement par sélection des mouvements justes.

CHAPITRE VIII

LA NOTION DU MOI PHYSIQUE

C'est par le sens musculaire que le sujet commence à acquérir des données sur l'étendue de son propre corps, sur son moi physique. Puis, aux sensations musculaires d'étendue s'associent bientôt des sensations tactiles. C'est ici qu'il convient de considérer l'immense avantage que présentent pour les animaux, des organes de préhension épousant la forme des choses. Un singe capable d'entourer les objets de ses mains, un éléphant qui palpe avec sa trompe, un chat qui tapote ou saisit avec ses pattes, constatent, comme l'enfant, que quand leurs organes préhenseurs changent de position sur l'objet, l'impression tactile varie. Ils peuvent toucher leur propre corps et se rendre compte de sa forme et de ses limites. Enfin, des sensations visuelles vont s'associer aux impressions musculaires et tactiles.

L'être vivant ne peut arriver que lentement à la notion de son individualité physique. Il apprend à la

concevoir par l'expérience, qui suppose la mémoire.
Les animaux supérieurs encore jeunes, qui arriveront
plus tard à une claire connaissance de leur individualité, mériteraient d'être étudiés longuement à ce point
de vue. Certains d'entre eux se mordent cruellement
la queue ou les membres, comme s'ils les prenaient
pour des corps étrangers. Les félins des ménageries
nous ont fourni à ce sujet des observations curieuses.
L'idée du moi n'existe probablement pas chez les animaux inférieurs; elle reste vague chez bien des vertébrés; chez d'autres, elle s'affirme avec la plus grande
netteté.

« Un chien est assis sur un banc, écrivions-nous dans
notre *Examen psychologique des animaux*, je crie :
« Ici ! » il vient immédiatement. Six chiens se trouvent assis sur un banc, et parmi eux, a pris place le
premier chien. Je crie : « Ici ! » sur le même ton que
précédemment : Aucun ne bouge. Chacun attend donc
que je dise : « Dick ! Tom ! ou Pompon !... » *Ils savent
qu'il existe d'autres chiens* qu'eux; et cela semble bien
prouver qu'ils ont une notion claire de leur personnalité physique (1)». Des écrivains, qui ne croient point
à l'existence de l'intelligence chez les animaux supérieurs, ont prétendu que les singes auxquels on présente une glace ne s'y reconnaissent pas, et ils infèrent
de cela que le singe n'a pas l'idée de sa personnalité.
Nous avons pu faire des observations favorables à la
thèse contraire : Nous avons établi, dans une pièce où

(1) *Examen psychologique des animaux*, p. 81.

était lâché un macaque bonnet-chinois (espèce relativement peu douée), de grandes glaces posées sur le parquet, et dans lesquelles le singe pouvait se mirer à loisir. Or, au bout de quelque semaines, il avait parfaitement compris le parallélisme des mouvements de l'image et des siens propres, il s'en amusait et c'était, pour lui, un jeu que de prendre des poses bizarres. Il savait regarder dans l'un des miroirs, une partie de son corps peu visible directement, comme par exemple, ses coudes ; et prenait plaisir à regarder ses dents, le fond de sa gorge et les provisions de ses abajoues. Il savait évidemment que c'était sa propre image qu'il avait devant les yeux et il ne lui arrivait plus, comme au début, d'essayer de saisir ce qu'il prenait pour un de ses semblables. »

Les grands ou petits mammifères et les oiseaux ont, pour la plupart, besoin d'un apprentissage pour se reconnaître dans une glace. Nous avons eu l'occasion d'expérimenter longuement sur une vieille lionne, qui dès qu'elle s'apercevait, se mettait en fureur et montrait les dents en rugissant. Elle finit cependant par reconnaître son image, après 45 épreuves (1). Des expériences analogues ont été réalisées à l'*Institut de psychologie zoologique* sur des *ours*, un *tapir*, un jeune *zèbre* et sur des *oiseaux* (*bihoreaux*, *hérons*, *pigeons*, etc.). Ces derniers sont très longs à se reconnaître, et je ne suis pas bien sûr qu'ils y parviennent jamais.

(1) Le miroir employé était en métal poli, afin d'éviter le danger des éclats de verre.

La reconnaissance de son image par un animal prouve *à fortiori* qu'il a la notion de son moi physique, mais il peut, certes, concevoir cette notion sans avoir eu l'occasion d'apprendre à se regarder par réflexion.

La pensée du « moi » une fois acquise par certains animaux, a dû devenir pour eux une sorte d'idée centrale à laquelle ils rapportaient toutes les autres notions de leur âme naissante. Elle leur a permis d'avoir une connaissance raisonnée de leurs propres besoins. Des animaux sauvages, comme le lion, ont sans doute conscience de leur « moi » physique; ils *savent*, par conséquent, aussi qu'il existe d'autres êtres qu'eux-mêmes. Il est probable qu'un fauve, épouvanté, poursuivi, sait qu'il se dérobe à la douleur et à la mort et que tout en fuyant, il évoque le souvenir d'images qui lui représentent à peu près ce que serait son sort s'il était atteint par des flèches ou des balles.

CHAPITRE IX

L'ABSTRACTION CHEZ LES ANIMAUX.

Nous n'avons pas à reprendre ici les raisonnements de Locke, qui a si clairement démontré que les prétendues idées innées et nécessaires ne sont nullement des souvenirs d'une raison universelle, qu'elles consistent, au contraire, en des abstractions, et sont le résultat de l'isolement de certaines sensations acquises par la voie sensorielle ; mais il convient, dans un livre comme celui-ci, de chercher à déterminer la genèse de leur formation chez certains animaux supérieurs. Les idées de l'infini, de Dieu, du parfait, etc... sont évidemment en dehors de cette recherche, non parce que leur origine est différente, mais parce que, évidemment, aucun animal ne les conçoit... Il n'en est pas de même des idées de causalité (comme nous l'avons déjà constaté dans le précédent chapitre) et de celles de nombre, d'espace et de temps dont nous allons parler.

« Considérer un corps à part des objets qui l'entourent, comme s'il était seul dans l'univers, c'est déjà un premier degré d'abstraction; dans ce corps, considérer l'étendue, la forme, ou la couleur, c'est un second degré » (E. Rabier). Les abstractions correspondent à des réalités très souvent rencontrées; c'est l'intensité de la perception renforcée qui semble lui faire, pour ainsi dire, « dépasser » le faisceau des autres perceptions et qui, par cela même, tend à l'isoler. Sans doute, l'homme peut, à volonté, dissocier ses impressions et évoquer dans son esprit des idées abstraites, mais, avant que ces idées puissent être ainsi rappelées, elles surgissent dans la conscience par le seul fait de la répétition des impressions. L'expérience prouve que le renforcement d'une sensation représentative, provoqué par la répétition, l'isole dans le champ psychique de l'animal. Nous avons, pour étudier cette question, dressé un chien à aller prendre, parmi des morceaux de carton peints de différentes couleurs, un carton *de la même couleur* que celui qu'on lui montrait. Ensuite, au cours d'épreuves successives, le chien étant maintenu, chaque fois pendant quatre minutes, en face d'une petite fenêtre derrière laquelle on pouvait faire apparaître des couleurs différentes, nous avons obtenu qu'il allât, sans commandement, chercher un carton de la couleur correspondant à celle que nous faisions séjourner le plus longtemps devant ses yeux. *Il semble* qu'il y a là une sorte d'abstraction de la sensation qui dominait les autres parce que les excitations correspondantes dominaient, elles aussi, les autres excitations.

M. G. Bohn a critiqué notre façon de comprendre

l'abstraction : « M. Hachet-Souplet a dit dans son livre (1) : « Les idées abstraites correspondent à des qualités propres à toute une série d'objets; c'est la généralité de ces qualités qui donne aux perceptions qu'elles produisent une force suffisante pour exister isolément. » Sur ce point, je m'écarte de M. Hachet-Souplet, car je pense que le mot *abstraction* signifie *travail intellectuel : ce travail n'aurait de raison de s'accomplir que quand les perceptions des diverses qualités d'un corps n'ont pas la force suffisante pour exister isolément* (G. Bohn, *Bull. de l'Institut général psychologique*). Ainsi, le « travail intellectuel » d'abstraction fourni par le sujet consisterait à donner aux perceptions une force suffisante pour exister isolément... Est-il possible de concevoir un pareil phénomène ? La netteté, la force d'une perception ne peut venir *que de l'objet*, que du monde extérieur; *à moins qu'on ne suppose que l'être pensant crée la représention;* ce qui nous ramènerait à un idéalisme fort opposé aux doctrines biologiques contemporaines, auxquelles M. G. Bohn s'est attaché! Les philosophes sensualistes n'ont rien trouvé jusqu'ici de plus satisfaisant que la théorie du renforcement, provoqué par le monde extérieur, pour expliquer l'abstraction; et les expériences que l'on peut faire sur des animaux corroborent cette opinion comme nous venons de le montrer.

_____

(1) *L'examen psychologique des animaux.* Paris, Schleicher.

.·.

Parmi les nombreux problèmes que cherchent à résoudre les psycho-zoologistes, celui de l'arithmétique des animaux n'est pas le moins intéressant.

Nous avons étudié dans *la Genèse des Instincts* l'origine de ce curieux instinct qui porte plusieurs insectes à placer dans leur nid toujours *le même nombre* de larves paralysées et destinées à la nourriture des jeunes; nous l'avons expliquée par la sélection au cours de la vie de l'espèce des actes utiles parmi ceux que produit la décharge diffuse de l'énergie somatique. Seuls les individus qui, par une rencontre heureuse, immobilisaient un nombre de larves suffisant, mais ne demandant pas une dépense inutile de force, avaient une postérité viable et transmettaient leur talent à leurs descendants qui, finalement, devaient être avantagés dans la lutte pour la vie et constituer toute l'espèce. Ces insectes n'ont donc jamais eu aucune notion d'arithmétique; ils ne calculent pas plus le nombre des larves à immobiliser qu'ils n'établissent le nombre des nervures de leurs ailes.

Il est bien entendu que les prétendus animaux calculateurs, présentés dans les cirques, ne sont pas, eux non plus, des mathématiciens. Nous l'avons montré dans l'exemple donné à propos de la récurrence associative (1). Est-ce à dire, toutefois, qu'en employant

(1) P. 68.

des moyens d'éducation différents, on ne pourrait
pas inculquer quelques notions de calcul à des
mammifères aussi intelligents que les chiens, les
singes et les éléphants?

Nous avons pu faire à ce point de vue quelques
expériences sur des chimpanzés, des capucins et surtout sur un macaque du *Muséum*. Voici comment
nous procédions :

Nous avions fait creuser dans une planche dix
cavités se suivant sur une même ligne droite et séparées
par quelques centimètres. Lors des épreuves, les
cavités étaient toutes recouvertes par des rectangles de
carton portant la série des chiffres de 1 jusqu'à 0.
Nous commencions par placer dans la première cavité,
à gauche, une noisette; et, après avoir recouvert
toutes les cavités, nous lâchions le singe en expérience, en disant « Un ! ». La curiosité de l'animal le
poussait à déranger tous les morceaux de carton; et il
trouvait bientôt la noisette placée dans le creux n° 1.
Ceci était répété un très grand nombre de fois, jusqu'à
ce que le singe allât directement à la case n° 1, quand
je disais « Un ! ». La seconde épreuve consistait à
placer la noisette dans le creux n° 2, à dire « Deux ! »
et à obtenir du singe qu'il allât directement à la case
n° 2. Et ainsi de suite. Nos sujets (macaques, capucins
ou chimpanzés) ont assez vite associé l'impression du
son aux impressions visuelles fournies par l'appareil et
surtout l'impression causée par la noisette. Au bout de
quatre mois, ils ne se trompaient plus guère de case;
et si, par exemple, je disais, pour commencer,

« Huit ! », ils allaient directement au 8 même si les cartons chiffrés étaient remplacés par des cartons sans inscription.

Nos singes avaient-ils donné la preuve d'une faculté de calculer de façon abstraite ?.Ou bien se rappelaient-ils seulement qu'un certain aspect fourni, par exemple, par trois cases, correspondait au mot « trois »; que l'aspect d'un groupe de 5 cases, correspondait au mot « cinq » etc? Des expériences compliquées sont commencées depuis quelques années à notre *Institut* pour tâcher d'apporter quelques éclaircissements dans ce domaine.

Nous devons mentionner les exhibitions retentissantes de chevaux calculateurs faites récemment en Allemagne. Voici un extrait d'une enquête sur le célèbre cheval de M. Von Osten, due à M. Fred. Streisler, correspondant de *l'Institut de psychologie zoologique* à Leipzig :

« Le cheval Hans montrait les connaissances qu'on trouve en moyenne chez les enfants de 10 à 12 ans. Il effectuait tous les calculs de tête qu'un enfant de cet âge ne fait que difficilement, lorsqu'il les fait. Le cheval indiquait, par des coups de pied frappés sur le sol, le résultat du calcul proposé. M. Von Osten avait imprimé les lettres de l'alphabet sur des morceaux de carton. Hans savait lire et désignait les lettres en frappant le sol. Pour A, il frappait une fois, pour B, deux fois, C, trois fois, etc... Il épelait également, de la même façon, les mots prononcés devant lui, avec l'orthographe exacte, sans jamais se tromper.

De prime abord, la trop grande finesse du cheval
excita la méfiance, et fit penser que l'esprit d'un
homme et non celui d'un animal était en jeu. Par
exemple, l'un des invités prononça devant le cheval
un nom de noblesse prussienne : « Pluskow ». En allemand, le w à la fin d'un mot ne se prononce pas.
Comment le cheval pourrait-il donc connaître l'orthographe exacte de ce nom prononcé devant lui pour la
première fois ? On prononça donc « Plusko » — Le
cheval épela exactement Pluskow ! Aucun homme
sensé ne pouvait croire à ce miracle. On nomma une
commission de savants, qui devait approfondir ce
phénomène. Le résultat des recherches très difficiles
fut tout à fait surprenant. On reconnut que le cheval,
en aucun cas, ne savait lire, ni compter. Si on lui de-
mandait, par exemple, combien font 7 fois 9 moins 45,
il frappait exactement 18 fois le sol. Pendant qu'il
frappait ces coups, régnait, naturellement, le plus
grand silence ; chaque interrogateur ou spectateur se
penchait inconsciemment, un peu en avant, comptait
en lui-même, et lorsqu'on arrivait au nombre exact,
18, *faisait, involontairement, et sans s'en douter, un
léger mouvement de tête,* la surprise et la satisfaction se
peignaient sur ses traits. Le cheval attendait ces signes
légers et inconscients et cessait de frapper le sol, si-
tôt que le nombre indiqué par ces signes était atteint. »

M. J. Soury a bien voulu faire à notre Institut une
intéressante communication à propos du cheval Hans.
« Il s'agit, a-t-il dit, d'un cheval savant. Il faut traduire Klug par intelligent, habile, etc…, comme on le

dit de tout animal plus ou moins bien dressé. Dé-
nommer autrement ce cheval, c'est créer ou entretenir
une confusion fâcheuse. On peut discuter sur la portée
des mots « instruit », et « dressé » ; mais si M. V. O. a
jamais cru pouvoir prouver qu'un cheval, à la suite
d'une instruction appropriée, peut faire preuve d'une
intelligence absolument humaine, il est inutile de discuter avec un psychologue aussi dénué de connaissance
des fonctions et des structures encéphaliques d'un
pachyderme solipède... Il appert que ce cheval réa-
gissait simplement à certains signes extérieurs con-
ventionnels comme tant d'autres animaux dressés de
ce genre. Je veux bien croire que son maître n'était
qu'un ignorant et un naïf... » M. J. Soury est plutôt
indulgent pour M. Von Osten. Le cheval Hans a pu,
exceptionnellement, trouver le signal dans certains
mouvements involontaires du public; mais il est impossible d'admettre qu'il agissait toujours ainsi et
M. Von Osten ne pouvait ignorer que lui-même avait
dressé ce cheval (comme on dresse tous les chevaux
prétendus calculateurs), en l'habituant à gratter le sol
tant qu'on ne lui faisait pas un signal d'arrêt imper-
ceptible pour le public, ce qui lui permettait de
répondre à toutes les questions, mais ce qui n'a aucun
rapport avec l'enseignement de l'arithmétique.

En résumé, les animaux, à part quelques espèces
de singes, ne semblent avoir aucune idée du calcul.
On a pu dire à priori qu'ayant besoin à chaque instant
de mesurer des distances, ils doivent être plutôt géo-
mètres qu'arithméticiens.

HACHET-SOUPLET.   7

Il est fort probable cependant que la plupart n'ont qu'une connaissance concrète de l'espace et que cette connaissance doit varier beaucoup d'une espèce à l'autre, car, comme M. Th. Ribot l'a fait remarquer : « l'animal qui dévore l'espace d'un bond rapide peut-il en avoir la même notion que celui qui le parcourt lentement » ?

Il est assez malaisé de déterminer s'il existe oui ou non, au sommet de l'échelle, des animaux ayant une notion *abstraite* de l'étendue ? C'est pour envisager ce problème que des études expérimentales ont été faites à l'*Institut de psychologie zoologique*, sur les sauts, au point de vue de leur adaptation à des distances nouvelles et à des conditions nouvelles : « Tant qu'un saut, écrivions-nous dans un précédent travail, se produit dans des conditions naturelles et ordinaires, on peut se demander s'il n'y a pas, chez l'animal, des adaptations purement matérielles opérées à la suite d'expériences successives dans la vie de l'espèce et dans celle de l'individu. Le cas échéant, celui-ci ne *choisirait* pas un élan en rapport avec une distance, mais la vue de telle distance à franchir déterminerait directement tel effort musculaire, adapté une fois pour toutes à une condition donnée. En revanche, quand les circonstances naturelles sont entièrement modifiées, si l'acte physique s'adapte encore *immédiatement* aux conditions extérieures, il semblera permis de supposer que l'animal a profité d'une notion générale de l'étendue, c'est-à-dire qu'il en a une connaissance intellectuelle, et qu'il proportionne *mentalement* la quantité d'énergie à employer aux conditions nouvelles imposées.

Les conditions d'un saut ne sont certes pas assez modifiées quand, au lieu d'un fossé naturel ou d'une branche d'arbre, on emploie un fossé artificiel, ou des appareils de cirque; trop d'éléments connus se trouvent encore reproduits. Mais il n'en va pas de même lorsque, par le dressage, on obtient un saut en arrière avec révolution totale du corps (saut perilleux).

Nous avons eu des chiens dressés à exécuter ce saut et qui prenaient grand soin de *jeter un rapide regard derrière eux avant de bondir*, afin de voir s'ils disposaient d'assez de place pour pouvoir exécuter leur exercice sans risquer de heurter un obstacle. Profitant de cette prudence, nous eûmes l'idée de disposer *derrière eux* successivement une barrière, deux barrières, et trois barrières, dans des plans parallèles; et nous pûmes constater que ces chiens proportionnaient toujours fort exactement leur élan à la distance à franchir. Il est important de remarquer qu'ils n'avaient fait aucune expérience matérielle de sauts suivis d'accidents, que le saut en arrière leur avait été appris de façon qu'ils retombent très près du point de départ, (sans « tracasser » en arrière, comme on dit en argot de cirque), et que, dès le premier essai, ils réussissaient à franchir la ou les barrières. Il semble donc bien qu'il y ait dans ce fait une preuve de l'existence d'une notion intellectuelle de l'étendue.

On peut se rendre compte approximativement de ce que doit être la notion d'espace chez un animal en se reportant à certains faits de la psychologie humaine. Un ouvrier charpentier, qui, sans étude de stéréotomie, sans aucune notion de mathématiques, arrive après quelques secondes d'inspection, à établir le nombre de solives d'une dimension donnée, que l'on pourra débiter dans le tronc d'un arbre encore sur pied et le nombre de *voliges à tirer* des branches, sans pour cela mesurer l'arbre et uniquement par la vue, profite évidemment d'une longue expérience passée et aussi de simplifications mentales qui remplacent pour lui les formules classiques. Il a découvert une géométrie dans l'espace mais elle est inférieure à la science établie, parce qu'elle reste *très spéciale.* Cet ouvrier charpentier, ne sait jauger que les arbres, il ne conçoit guère les dimensions qu'en les appliquant à une poutre ou à une planche. Il en est resté à des abstractions incomplètes d'étendue, qui gardent des particularités répondant à une expérience individuelle passée. Les mammifères les plus développés font un peu comme ce charpentier ; leurs abstractions ne les élèvent pas complètement au-dessus du particulier.

Pour savoir si l'idée abstraite de poids existe chez certains animaux, nous avons réalisé avec un chien fort intelligent et dressé à rapporter, l'expérience suivante. Ayant disposé par terre huit pierres polies à la meule, de même taille et de forme rigoureusement semblable, mais de poids différent, nous avons essayé sur notre chien l'effet de leçons de choses.

En lui montrant la plus lourde nous disions : « La plus lourde » ; en lui montrant la plus légère nous di-

sions : « La moins lourde ». Or au bout de quelques semaines de tâtonnements, il arriva à apporter les pierres
au commandement, soupesant l'une et l'autre, avant
de se décider et choisissant celle que je demandais.
Nous avons poussé plus loin l'épreuve. On aurait pu,
en effet, objecter qu'il n'y a là aucune abstraction
réelle que ce n'est point là en réalité un phénomène
intellectuel parce qu'on est libre de supposer que le
chien a seulement associé tel effort musculaire à telle
phrase du maître. Nous avons donc placé une deuxième
série de pierres de poids gradués, mais toutes moins
pesantes que la plus légère de la première série. Alors,
sans recommencer une nouvelle éducation, nous avons
invité le chien à nous apporter « la pierre la plus lourde»,
ce qu'il parvint à faire, après quelques recherches. Or,
aucune association directe d'impressions n'était ici
possible et voilà donc un point acquis : *ce chien avait
l'idée abstraite du poids.*

A priori, puisque les animaux supérieurs ont l'idée
du mouvement et en tirent des combinaisons mentales, rien ne s'oppose à ce qu'ils aient aussi la notion
du temps; en effet, c'est de la notion du mouvement
qu'est sortie, pour l'homme, celle du temps. Le temps
du déplacement d'un mobile ne peut être apprécié
directement; mais ses différentes positions peuvent
être notées dans l'espace. « Le mouvement, a-t-on dit,
transporte le temps dans l'espace et l'y incorpore. »
Les divisions de l'espace deviennent de cette façon les
signes des divisions du temps; l'ordonnancement des
divisions de l'espace devient l'ordonnancement des

parties du temps. Les fonctions physiologiques semblent être pour l'animal les premières projections du
temps dans l'espace. Les changements extérieurs qui,
à des temps égaux, se reproduisent et amènent des
aubaines gastronomiques, sont très remarqués des
animaux. Les jours de marché au grain par exemple,
sont intéressants à étudier à ce point de vue. Les oies,
les canards, les poules laissés en liberté, se rappellent
fort bien le moment où ces marchés se tiennnent et
arrivent sur leur emplacement, *de plus en plus tôt*, et
avant tous préparatifs annonçant directement la venue
des marchands.

.•.

Il est assurément très juste de dire que le langage
seul permet de composer des arrangements de notions
abstraites, c'est-à-dire de se mouvoir aisément dans le
monde des idées; mais l'abstraction simple est possible
sans langage. En effet, pour pouvoir désigner par un
mot ou une série de mots une abstraction, il faut nécessairement qu'elle existe déjà dans le *sensorium!* Dire
que l'abstraction est impossible sans langage, c'est ren-
verser les termes et prétendre que le mot désignant l'abstraction crée cette abstraction, alors qu'il est purement arbitraire, et est rattaché par association à la notion
abstraite déjà élaborée. Les animaux peuvent donc abstraire sans langage, mais on ne sait pas assez que presque tous les vertébrés ont des moyens de communiquer
avec leurs semblables. Il n'y a par conséquent aucune
raison pour que les bêtes soient incapables d'abstraire.

Il conviendrait, dans une étude systématique, de considérer successivement : le langage naturel de l'animal à l'état sauvage, le langage improvisé par l'animal domestique et, enfin, le langage appris par une sorte de dressage. Nous ne pourrons ici que signaler certaines expériences effectuées sur des perroquets.

Il faut être difficile en ce qui concerne la précision des tests relatifs au langage ; et l'on n'a que trop prêté aux perroquets. Il est beaucoup moins facile qu'on ne pense en général d'établir des preuves vraiment probantes de la réelle compréhension des mots par ces oiseaux. L'un d'eux a fait l'objet de l'expérience suivante. Nous avons d'abord appris à notre sujet le mot « armoire » en lui montrant une petite armoire facile à accrocher à des points différents de la muraille du laboratoire et dans laquelle on rangeait toujours ostensiblement sa pitance quotidienne. Je lui enseignai ensuite les noms de beaucoup d'objets en les lui présentant; parmi eux se trouvait une échelle, et je pus obtenir que l'oiseau articulât le mot « monter », chaque fois qu'il me voyait gravir les échelons. Or, un matin quand on apporta la cage de notre sujet dans le laboratoire, l'armoire se trouva accrochée près du plafond, tandis que la petite échelle était rangée dans un coin parmi les autres objets connus de l'animal. Le problème se posait ainsi ; l'oiseau qui, chaque jour, quand j'ouvrais l'armoire criait : « Moire ! Moire ! Moire ! » de toutes ses forces, voyant que ce meuble se trouvait hors de ma portée et que, par suite de ce fait, je ne pouvais en tirer sa nourriture

quotidienne, sachant, d'autre part, que je pouvais
m'élever au-dessus du sol au moyen de l'échelle, et
ayant à son service les mots « monter » et « échelle »,
les emploierait-il pour me... suggérer l'idée d'utiliser
l'échelle afin d'atteindre l'armoire ? Le perroquet très
excité, battait des ailes, mordillait les barreaux de sa
cage en criant : « moire ! moire ! moire ! » Et, ce jour-
là, je n'obtins rien de plus. Le lendemain, l'animal
(n'ayant reçu que du millet qu'il aimait peu et non le
chènevis enfermé dans l'armoire) était au paroxysme
de la colère et, après mille essais pour écarter ses barreaux, son attention finit par être attirée par l'échelle
et il prononça : « Chelle, monter, armoire ! » Cela
constituait un effort intellectuel merveilleux ! Je m'explique que le mot « échelle » ait devancé, ce jour-là
et les suivants, le mot « monter » ; car l'objet présent
accaparait l'attention de l'oiseau plus encore que l'action, qui n'était représentée dans son cerveau que par
un souvenir. Ici l'association d'idées est évidente ; elle
est spontanée ; il y a bien dans cette expérience la
preuve d'une opération intellectuelle différente des
associations d'habitudes. Je considère de tels raisonnements comme tout à fait exceptionnels ; leur rareté
confirme mon opinion sur les manifestations de l'intelligence chez les animaux. Elles sont souvent produites par une sorte d'hyperesthésie que détermine
elle-même un besoin organique à satisfaire ; l'excitation du désir de s'emparer d'une nourriture préférée
est un puissant stimulant de l'intelligence animale.

CHAPITRE X

LES GOÛTS ESTHÉTIQUES DES ANIMAUX

Plusieurs biologistes ont étudié les arts chez les animaux ; M. Groos, surtout, a apporté à l'examen de cette question une importante contribution.

L'animal peut rechercher les éléments de ce qui, pour lui, est le beau, dans la nature vivante, chez l'individu du sexe complémentaire, ce qui déterminera une sélection des représentants de l'espèce les plus beaux et accusera leur caractère esthétique : c'est la sélection sexuelle de Darwin. Les goûts de beaucoup d'oiseaux se sont ainsi, en quelque sorte, matérialisés au point de vue des formes, des couleurs et aussi des sons, chez l'un des sexes, par le fait du choix que les femelles ont fait des mâles présentant les caractères qui les charmaient le plus (1).

(1) On peut constater à ce propos que les goûts de ces animaux sont les mêmes que les nôtres sur certains points du moins, puisqu'à notre tour nous trouvons « beau » leur rêve d'espèce matérialisé.

Plus curieuses peut-être et, à coup sûr, moins connues sont les manifestations *individuelles* de tendances
artistiques. Quelques naturalistes avaient remarqué
que des singes de toutes espèces prenaient plaisir à
tracer des lignes sur les murs ou sur les livres dont ils
s'étaient emparés. Pour vérifier le fait, nous avons
mis à la disposition de plusieurs singes de grandes
feuilles de carton appliquées sur le sol au moyen de
baguettes. De cette façon ils n'étaient pas trop tentés
de les déchirer ; et il était toujours possible de décou-
per rapidement les parties du carton sur lesquelles un
dessin avait été ébauché. Quand nos artistes se déci-
daient au travail, ils se mettaient à quatre pattes,
saisissaient vivement leur pinceau ou leur crayon à
pleine main, à la manière de certains peintres japonais,
comme s'ils voulaient poignarder quelque confrère
(beaucoup plus rarement, ils prenaient l'instrument
entre le pouce et l'index), puis ils traçaient rapidement
leur dessin. On les observait à travers une petite
fenêtre. C'était, alors, un spectacle fort curieux; ils
couraient sur trois mains, en traînant le pinceau ou le
crayon, et s'amusaient à voir la trace qu'ils laissaient
derrière eux; puis ils faisaient des hachures, des lignes
courbes, et quelquefois, s'arrêtant longuement sur un
même carré de carton, s'ingéniaient à produire des
formes bizarres. Dès que l'on s'apercevait du fait, on
se précipitait, on enlevait le singe, on lui donnait une
collation et l'on détachait soignement le carré de
carton qui paraissait intéressant à étudier.

Nos singes se rendaient-ils compte de la forme de

leurs tracés, de la ressemblance de leurs dessins avec les choses qu'ils semblent représenter ? Nous le croyons. L'expérience suivante paraît le prouver. Elle fut pratiquée sur un singe du *Museum*, confié à l'*Institut de psychologie zoologique*.

Nous avions fait creuser dans une planche des cavités se suivant, sur une ligne droite, de vingt centimètres en vingt centimètres. Lors des épreuves, ces cavités étaient toutes recouvertes par des rectangles de carton portant des dessins « en trompe-l'œil », représentant une boule, un arbre, une fleur, etc... L'animal en expérience *savait*, à la suite de nombreux essais, qu'une noisette devait être placée dans la case recouverte par le carton qui représentait, un objet, une fleur ou un chiffre, que son gardien lui désignerait. Pour cela on lui montrait simplement l'objet réel; or, il allait aussitôt à la cavité ainsi désignée *d'une façon indirecte;* et il ne pouvait le faire que parce qu'il reconnaissait, dans les dessins, la forme de leurs modèles.

Les singes dont nous avons publié les dessins, il y a quelques années, avaient cherché à fixer ce qui les frappait le plus, ce qui leur causait la sensation la plus forte. C'est ainsi que deux d'entre eux ont dessiné d'une part un œil représentant sans doute, à lui seul, le personnage d'un gardien, d'autre part, une fenêtre grillagée, celle de la singerie. Ils montraient ainsi une tendance « artistique » en exprimant non pas tout ce qu'ils avaient devant eux, mais certains objets choisis. C'est ce qu'un distingué critique d'art M. de Pawlowsky a fort bien dégagé : « Une chose est indéniable dans les ébauches qui nous sont présentées, c'est l'idée artistique... L'un des singes voulant reproduire la chambre dans laquelle il était enfermé a dessiné à grands traits *la note dominante* de cette pièce, c'est-à-dire les barreaux qui rayent la fenêtre. Un autre voulant figurer son gardien, s'est borné à dessiner un œil vigilant monté sur une tige sans importance... En agissant ainsi ils ont fait, somme toute, comme les artistes humains dont tout l'effort se porte sur la recherche des caractères principaux du modèle qu'ils ont à reproduire. »

CHAPITRE XI

DE LA « PERSUASION » COMME PROCÉDÉ
D'ÉDUCATION ANIMALE

La faculté d'apprendre, n'est pas nécessairement une preuve de raisonnement; mais il y a une façon de s'instruire que nous considérons, au contraire, comme un critère de l'intelligence. Nous voulons parler de l'obéissance à la *persuasion*; et nous laissons à ce mot la valeur du latin « *persuadere* », c'est-à dire convaincre.

La persuasion est un procédé fort complexe dont on ne peut donner une idée nette en peu de mots. Ce qui la caractérise essentiellement, c'est qu'elle n'est pas une action directe, une contrainte du dresseur, et qu'elle exige, chez l'animal, des dissociations volontaires et rapides d'impressions, suivies de nouvelles associations. En résumé, l'animal qui se laisse persuader est celui qui, sans y être forcé, s'adapte presque *immédiatement* à une circonstance éventuelle, ce qui ne peut se faire par le mécanisme de l'instinct pur, mais seulement par l'intervention de l'intelligence. Dans ce dres-

sage on s'efforce « d'expliqner », de faire comprendre
par gestes à l'animal ce qu'il doit faire, sans cependant
chercher à ce qu'il imite des mouvements que l'on
ferait soi-même; ce qui pourrait ne mettre en activité
que l'instinct seul. La persuasion agit donc par l'intermédiaire de signes qui doivent produire sur l'animal
un effet analogue à celui qui se manifeste chez un
spectateur lorsqu'il regarde un mime décrivant des
lieux, des mouvements, des situations, des états
d'âme.

Quand une expérience de persuasion réussit, il faut
bien admettre qu'elle renferme un critère objectif
de l'intelligence puisque son succès suppose une
adaptation immédiate à un cas particulier et nouveau
dans la vie de l'animal, une adaptation différente de
l'association simple. Quand, par exemple, un chien
se trouve placé en équilibre instable sur une boule, à
quelques mètres du dresseur, et que celui-ci, *tout en
lui faisant signe* de rester sur l'appareil, lui intime
cependant l'ordre de se rapprocher, le chien, pour faire
rouler sa boule vers le maître, *doit comprendre qu'il
est nécessaire de reculer peu à peu sur cette boule
pour que l'appareil avance;* or, il est bien rare qu'il
ne le comprenne pas du premier coup. L'animal, a,
ici, un certain intérêt à obéir au maître, à le contenter; il n'est cependant pas *contraint* par lui d'agir; il
faut remarquer, de plus, que le maître *explique* seulement son désir par le geste et par la voix; et qu'enfin *il faut que l'animal trouve lui-même* le moyen de
réaliser ce désir. Comme il y arrive très vite, il donne

selon nous, une preuve très nette « d'une docilité libre et intelligente » que l'on peut opposer à la « docilité par contrainte imposée ordinairement par les professionnels du cirque.

Si on voulait dresser un cheval au « rapport » par le procédé des associations simples, comme cela se fait dans les cirques, on donnerait à l'animal l'habitude de ramasser une serviette en la lui présentant pleine de son; ensuite on le tromperait en mettant l'objet à ramasser *à la place de la serviette*. Ou bien encore, on poserait l'objet sur le flanc du cheval et on piquerait, en même temps, l'animal, de façon que la piqûre paraisse venir de l'objet. On déterminerait ainsi une morsure de défense et une association se formerait entre la sensation de l'objet sur le flanc et la nécessité de le prendre avec les dents; à la longue le cheval prendrait l'habitude de saisir la serviette dès qu'il la verrait *n'importe où;* et l'on pourrait ensuite la remplacer par des objets quelconques. Or, quand, usant de persuasion, vous montrez l'objet à rapporter et mimez l'acte à accomplir, vous ne représentez cet acte que symboliquement; les associations directes sont donc impossibles; et il faut que l'animal conçoive une notion intellectuelle de rapport entre l'acte et l'objet pour qu'il se décide à le ramasser. C'est ce qu'a admis M. Claparède, notre éminent collègue de Genève, précisément à propos de nos expériences sur le dressage des chevaux : « Il n'y a rien d'impossible, a-t-il écrit, à ce que le cheval saisisse tout à coup un rapport de causalité entre la mimique de son maître et l'acte de prendre l'objet... » D'ailleurs la rapidité relative de cette adaptation de l'animal à un cas nouveau pour son espèce et pour lui, montre bien qu'il ne peut s'agir d'associations par contiguïté; car ces dernières sont incomparablement plus lentes.

Les grands carnassiers apprivoisés peuvent être jusqu'à un certain point dressés par persuasion; il en est de même de certains herbivores, des éléphants et surtout des chiens et des singes. Dans les expériences de persuasion, il est très important de considérer la conformation physique de l'animal et de chercher à savoir dans quelles limites elle lui permet certains mouvements. Il convient également de connaître parfaitement ses instincts avant d'aborder l'étude de son intelligence par la persuasion. Ce serait en effet une singulière duperie que de prendre comme intelligent un mouvement instinctif de l'espèce ! Il convient aussi de connaître le passé individuel des sujets observés afin d'être bien sûr de ne pas avoir affaire à des animaux déjà *dressés*.

« L'expérience de persuasion par la mimique et par la voix, avons nous écrit autrefois, *a le défaut de n'être pas toujours précise* (1) dans ses résultats, parce qu'elle

---

(1) Cette phrase est extraite d'un article publié par nous dans *la Revue des Idées* (15 novembre 1907). Nous avons donc signalé, bien avant M. Bohn, l'imprécision de ce procédé ; mais pourquoi ce savant reproduit-il cette critique dans *la Nouvelle psychologie animale*, sans rappeler qu'elle a été formulée par nous-même? Et surtout pourquoi laisse-t-il supposer que la persuasion constitue *toute notre méthode*, alors qu'elle en est une infime partie?

porte sur une foule d'actions différentes et dont d'interprétation n'est pas toujours facile. » Elle permet à l'expérimentateur de se créer une opinion personnelle plutôt que de la faire partager; aussi n'avons nous jamais conseillé de l'employer seule.

On a pensé à tort qu'elle avait un rapport direct avec les idées de M. J. Lubbock. L'éminent savant anglais a consacré 5 ou 6 pages à une sorte d'auto-éducation (d'ailleurs illusoire) chez le chien. Lui-même a déclaré qu'il ne connaissait ni la technique, ni même les principes du dressage le plus élémentaire et qu'il s'était contenté de laisser son chien entièrement libre : « On ne le pressait pas de rapporter les cartons, a-t-il écrit ; on le laissait simplement faire à sa guise. » D'ailleurs au lieu de considérer comme lui ce que l'animal, instruit par sa propre expérience poura faire de plus ou moins compliqué, nous n'avons jamais en vue que l'efficacité des moyens explicatifs d'éducation pour dresser les animaux à exécuter des actes absolument quelconques, mais qu'ils ne peuvent réaliser que *s'ils ont compris l'idée du dresseur.* Il y a là une distinction tranchée qui a échappé à nombre de psychologues (1).

(1) Quand, en dehors de toute association simple, l'animal a *compris* ce qu'on attend de lui et l'a prouvé en exécutant à quelques reprises différentes le mouvement qu'on lui demande, le but scientifique est atteint ; mais non le but du dressage pratique ; car il reste à faire répéter un très grand nombre de fois ce mouvement de façon à le transformer par l'habitude en un réflexe secondaire relié à un signal.

LIVRE II

L'ENFANT

CHAPITRE I

TRACES D'ANIMALITÉ CHEZ L'ENFANT

Frappez un coup léger sur le bord d'un nid de passereaux, au printemps ; tous les jeunes, immédiatement, ouvriront un bec formidable et attendront qu'une pâture y tombe : ils agiront ainsi parce que la secousse qu'imprime au nid l'arrivée du père ou de la mère précède ordinairement l'absorption de la nourriture. Recommencez l'épreuve indéfiniment,.. elle donnera les mêmes résultats : l'animal est un mécanisme d'absorption. Et maintenant regardez le jeune enfant qui réclame à boire, qui a faim ; croyez-vous qu'il soit moins laid ? Le « nourrisson » n'est qu'une bouche qui vagit et qui absorbe ; il semble vouloir engloutir le monde, l'aspirer avec le lait de sa nourrice. A l'égal des jeunes

animaux, il est un petit monstre ayant quelque chose
de repoussant.

Le premier âge est celui des instincts fondamentaux.
La faim est au premier plan, tyrannique et fatale;
mais la peur propre à l'estomac, c'est-à-dire le dégoût
pour tout ce qui n'est pas l'aliment connu, est aussi
manifeste : il faut voir avec quelle vigueur l'homme
naissant repousse la nourriture qui ne lui convient pas!
Les autres manifestations de la peur sont chez lui
moins visibles parce que les soins dont on l'entoure
en écartent ordinairement les causes ; cependant bien
des cris, qui semblent d'abord inexplicables, se rattachent à cet instinct fondamental.

Quel vilain petit être que le très jeune enfant qui
pleure ! « Il pousse des cris violents et prolongés, a dit
Darwin. Pendant ce temps, ses yeux se ferment éner-
giquement et s'entourent de plis; son front se ride;
son sourcil se fronce. La bouche s'ouvre largement et
les lèvres se rétractent d'une manière particulière qui
donne à cet orifice une forme à peu près quadrangu-
laire; les gencives et les dents se découvrent... »

« D'après la stricte interprétation de la récapitulation,
l'enfant, a écrit M. Baldwin, devrait passer par une période instinctive qui lui donnerait le sens admirable des
brutes pour sa propre conduite; et ce ne serait qu'au
fur et à mesure que l'action volontaire irait s'élargis-
sant qu'il perdrait ses instincts... mais l'enfant ne nous
montre rien de tel. » Il est vrai que l'on ne voit apparaître chez lui qu'un petit nombre d'instincts dérivés;
nour les aurons vite passés en revue ; mais, au point

de vue philogénétique, il faut tenir compte des simplifications qui se sont nécessairement produites chez les ancêtres de l'homme, à mesure que l'intelligence se développait et remplaçait en partie les instincts dérivés, relativement fixes. S'il fallait que l'enfant repassât par tous les degrés psychiques des ancêtres innombrables de l'homme, chaque minute de sa vie devrait probablement correspondre à un stade de la chaîne généalogique ! Nous verrons, en revanche, que la façon d'apprendre du jeune être humain consiste, d'abord, en un « mécanisme » mnémonique que nous avons déjà discerné chez l'animal, la « récurrence associative », et ce rapprochement semble capital.

*
* *

Le jeune enfant redoute comme l'animal tout ce qu'il ne connaît pas ; la « soif de l'inconnu », la curiosité ne lui viendra que plus tard, après l'éveil intellectuel. Un insecte lui cause une grande frayeur. A l'exemple des singes dont le dressage est, pour cette raison, si répugnant, l'enfant qui a peur, urine. Jeté à l'eau, ou y tombant accidentellement, la peur déclanche en lui l'automatisme organisé de la natation comme chez beaucoup de singes (1). La mobilité des orteils, et du pavillon de l'oreille (2), l'habitude de garder les mains à demi fermées, comme pour saisir une branche, sont des caractères simiesques.

(1) Quelques espèces ne savent pas nager et se noient quand on les jette à l'eau.
(2) Voir METCHNIKOFF, *les Rudiments psychiques.*

La nature se charge de doter l'enfant des reflexes qui mettent en action les mécanismes organiques. Il n'est pas besoin de maîtres pour lui apprendre à saisir le sein de sa nourrice. Et mieux vaudrait assurément pour l'espèce que les enfants apprissent tout seuls à marcher, à soulever des objets plutôt que d'être guidés dans ces premiers efforts vers la vie.

Est-ce que les animaux apprennent la locomotion, la préhension, le vol à leurs petits ? On ne trouve la description de tels soins que dans les romans zoologiques. Les jeunes oiseaux séparés de leurs parents et n'ayant jamais vu d'autres oiseaux au vol ne parviennent-ils pas comme les autres à voler par le simple épanouissement des impulsions héréditaires ? Les parents sont bien obligés de voler devant leurs petits et cela peut hâter, par la stimulation des facultés imitatives, les progrès du jeune ; mais jamais aucun animal n'intervient directement pour *soutenir* son petit dans sa marche comme on le fait pour l'enfant. J'irai jusqu'à dire que cette prétendue aide *retarde* la marche debout. Quelques mauvais dresseurs donnent ainsi des points d'appui artificiels aux bêtes qu'ils veulent faire marcher sur les pattes ou les pieds de derrière et les résultats qu'ils obtiennent sont beaucoup moins bons, surtout moins rapides que ceux des dresseurs qui excitent l'animal à prendre de lui-même son équilibre (1). C'est

---

(1) Pendant qu'un équilibriste se tient sur une main, donnez-lui un point d'appui « inattendu », il tombera immédiatement. Voir *le Dressage des animaux*, par P. HACHET-SOUPLET, pp. 67-68.

pendant la première enfance que l'on peut appliquer
les idées de Rousseau sur le retour à la nature.

Quelques attitudes de l'enfant sont curieuses. Assis,
il se prend volontiers les pieds dans les mains comme
font la plupart des petites espèces de quadrumanes ;
et, comme elles, il dort volontiers sur le ventre, la
tête contre le dos d'une main appuyée à plat sur la
couche. Sa tendance à mordre et à sautiller est très
notable. M. Deniker, le savant bibliothécaire du *Museum*, a remarqué que les chimpanzés battent des
mains et des pieds sur le plancher, comme les petits
enfants quand ces derniers manifestent « un mécon-
tentement extrême ». Presque tous les singes aiment
à faire étalage de leurs talents acrobatiques devant la
femelle ; ce goût se retrouve chez le jeune garçon, fier
d'être « fort en gymnastique » et s'en vantant, surtout
devant les petites filles. L'enfant, autant que les singes
les ours et beaucoup d'autres animaux, se plaît à *être
cause* de déplacements, d'écroulements d'objets c'est
ce qui a fait croire à un « instinct de destruction »
dont l'origine et la conservation ne s'expliqueraient
guère. Les brimades d'enfants rappellent la cruauté de
certaines espèces d'animaux, les corbeaux par exemple,
ou les chiens, qui se jettent sur leur pareil blessé
et gémissant. J'ai suivi, au Jardin zoologique d'Anvers
le manège d'un vieux macaque (bonnet-chinois) dont
le « geste » fait songer à celui de l'enfant autoritaire
qui se rencontre si fréquemment : grimpé sur une ba-
lançoire, il se penchait en arrière vers deux macaques
plus petits et tirait successivement les oreilles à l'un

et à l'autre avec beaucoup de méthode, afin de les
obliger à le balancer. Cela se faisait sans bruit et se
répétait pendant des journées entières...

Les objets en mouvement, animés d'une apparente
activité, ont une grande influence sur les animaux, qui
les prennent d'abord pour des proies, ou pour des
ennemis. Il leur arrive de jouer à se créer cette illusion ;
le fait peut être observé surtout chez les félins et les
singes. De même l'écolier se divertit, en faisant rouler
des corps ronds, en projetant des pierres ou des balles ;
tout ce qui bouge lui paraît vivant : « L'enfant, a écrit
Richter, commence par jouer avec les objets, ensuite
avec lui-même. Une poupée est pour lui un peuple ou
une troupe d'acteurs... L'imagination est plus créa-
trice dans l'enfance, où les peuples aussi créent leurs
dieux, et ne parlent que la langue poétique. »

L'imitation, si mal connue chez les animaux, joue un
certain rôle chez l'enfant. Plus ce dernier est jeune et
plus sa tendance à imiter les autres enfants est accu-
sée. Il y a dans les petites classes de véritables épidé-
mies imitatives que l'on peut comparer à la contagion
du bâillement ou aux répercussions interminables des
aboiements des chiens : « Le bambin imite passive-
ment ce qu'il voit faire à ses camarades. Que l'un
d'eux apporte un jour une image d'Épinal, par exemple,
il s'en trouvera, le lendemain, plusieurs qui feront de
même (1). »

En somme, ces diverses ressemblances ont été,

_____

(1) A.-M. Boubier. *Les Jeux pendant la classe.*

pour la plupart, indiquées par différents auteurs. Il sera beaucoup plus important pour nous de constater que la loi de récurrence associative, qui règle l'éducation des animaux et qui nous donne une idée de leur évolution psychique à travers les âges, c'est-à-dire de la genèse de leurs instincts dérivés, s'applique à l'enfant.

.*.

Pour tous les éducateurs contemporains, le principe de l'association des impressions sensorielles est d'une grande importance; mais on ne semble pas avoir considéré, avant les recherches de *l'Institut de psychologie zoologique*, l'ordre de succession des soudures associatives. Nous avons montré, dans la première partie de ce livre (1) que, lors des répétitions d'une chaîne d'excitations produites par le monde extérieur, les sensations affectives sont d'abord seules retenues. Ensuite, les sensations représentatives qui les avaient précédées s'associent à elles successivement en remontant de la plus récente à la plus ancienne. Quant aux sensations qui ont suivi les impressions affectives, elles ne sont généralement pas retenues. Telle est la *loi de récurrence*; or elle s'applique au jeune enfant; et plus tard il reste chez le garçonnet, chez l'adolescent et même chez l'homme une tendance à associer plus facilement dans le sens de la récurrence que dans l'autre. Nous avons constaté également à propos des

(1) Pages 67 et suivantes.

animaux une conséquence immédiate de cette loi : l'anticipation inconsciente ; or, nous allons la retrouver aussi chez l'enfant.

En cherchant à mesurer les temps de réaction, M. Alfred Binet a fait des constatations qui l'ont surpris (1). Dans ces expériences il priait ses sujets de fermer les yeux, d'appuyer l'index de la main droite sur le bouton d'un interrupteur d'Evald et de se tenir prêts à lever ce doigt dès qu'ils sentiraient, sur la main gauche, le léger choc d'un marteau relié à un chronomètre de d'Arsonval. Or, les temps de réaction ont toujours eu une tendance à diminuer; et il est arrivé aussi que les sujets ont fait des anticipations, c'est-à-dire, ont réagi, *avant* d'avoir été touchés par le marteau. M. A. Binet s'est demandé ce que cela signifiait : « Comment, dit-il, expliquer ce trait ?... En théorie, on peut admettre que l'anticipation des réactions provient d'un excès de zèle, plus précisément que ce phénomène suppose à la fois un grand désir de réagir vite, un peu de surexcitation, et une faiblesse de coordination, un défaut de volonté comme frein... » Ce qu'a observé M. Binet, nous l'avons remarqué nous-même, non seulement chez les animaux, mais aussi chez des sujets humains qui ne présentaient ni surexcitation, ni faiblesse de coordination, ni défaut de volonté, et qui cependant avaient tous une tendance à l'anticipation.

Elle s'explique par la *loi* de récurrence associative

---

(1) A. BINET, *L'Étude expérimentale de l'intelligence*, p. 247.

et si l'on se reporte aux données mêmes de l'expérience
de M. Binet, tout s'éclaire d'une vive lumière : « Le
signal tactile était fait sur la même région de la
main... Le signal *était précédé d'un avertissement
verbal, le mot* attention ! *que je disais 2 à 3 secondes
avant le contact...* » p. 245. Quand les sujets ont an-
ticipé, quand ils ont réagi avant le contact du marteau, c'est que l'excitation sensorielle produite par le
mot « attention ! », étant associée par récurrence à
l'impression tactile du marteau, la dynamogénie de
cette dernière avait passé à l'excitation auditive. Dès
lors, les sujets anticipaient... Bien qu'ils fussent atten-
tifs à ne réagir qu'au signal du marteau, il leur était
souvent impossible de s'empêcher de partir au signal
précédent, c'est-à-dire au mot : « attention ! » C'est
bien là la tendance générale de tout être vivant à l'anticipation, déterminée par la récurrence associative.
Chaque sujet, selon sa force d'attention, résiste plus
ou moins à la récurrence, quand il a lieu de désirer
exécuter des réactions en tout semblables aux premières d'une série. Et il faut se reporter encore à ce
point de vue au compte rendu des expériences de
M. Binet : « Armande a plusieurs fois reconnu qu'elle
avait la tentation de réagir avant le signal (du marteau)... Le nombre des réactions anticipées qu'elle a
ainsi commises est de 5 pour 260 réactions ; c'est un
nombre extrêmement faible. Marguerite fait ici con-
traste avec sa sœur... nous comptons 52 réactions
anticipées parmi ses réactions, c'est un nombre énorme,
qui est égal au tiers des réactions ». p. 248.

Il y a une foule d'expériences à pratiquer sur des enfants pour faire ressortir la récurrence de la plupart de leurs associations. Celle-ci, par exemple : dans le cadre d'une fenêtre pratiquée dans quelque paravent, faites apparaître successivement devant un groupe d'enfants, un triangle, un cône, une boule bleue, un plat de galettes (que vous offrirez aux enfants), un cube, un cylindre, une croix, etc... Renouvelez l'expérience en observant exactement le même ordre d'apparition, deux fois chaque jour, pendant une semaine. Puis interrogez les enfants; demandez-leur ce qu'ils ont vu, ce qui les a frappés davantage ; ce sera, après le plat de galettes, bien entendu, la boule bleue qui l'a toujours *précédé*, et si, l'expérience est prolongée suffisamment, les enfants parleront successivement du cône et du triangle ; ce qui satisfait à la loi de récurrence.

Une partie du phénomène est connue depuis fort longtemps : c'est le principe même de l'association. Que l'enfant remarque les préparatifs d'un repas, ou d'une sortie, et qu'il manifeste de la joie, qu'un chien agisse de même, ce sont là des faits d'observation courante, les actes préparatoires servent ici pour ainsi dire de signaux ; nombre de psychologues, Baldwin, Perez, par exemple, l'ont signalé, mais — nous l'avons vu à propos des animaux — la loi de récurrence établit deux points qui ne sont pas formulés dans le principe d'association. Elle établit : 1° que, chez les animaux et chez le jeune enfant, les sensations *antérieures* à un fait affectif sont associées *à l'exclusion de celles qui ont suivi ce fait*, et 2° que les associations continuent constamment à se produire en remontant dans le sens inverse de celui où les excitations sont données. Seul ce second fait explique les anticipations, c'est-à-dire le fonctionnement organique venant *avant* le moment où il se produisait d'abord.

Il faut distinguer nettement la récurrence associative de phénomènes qui paraissent, d'abord, se confondre avec elle. Par exemple, M. Baldwin a constaté qu'un enfant cessait de crier dès qu'il voyait l'éclat d'une allumette qui était le signal de la préparation de sa nourriture. Il y a là, selon nous, un phénomène moins simple que celui de la récurrence (dont M. Baldwin ne parle pas d'ailleurs) ; car, d'après cette loi l'enfant aurait dû faire les mouvements d'absorption dès qu'il voyait l'allumette, puisque la dynamogénie des sensations causées par l'aliment aurait dû passer à l'impression causée par la vue du feu. Je crois plutôt que cet enfant avait une certaine crainte de l'éclat du feu et qu'il se taisait dès qu'il le voyait. De même l'enfant qui se tait parce que sa nourrice se prépare à sortir, me semble subir une dérivation, son esprit est porté sur d'autres faits que ceux qui l'occupaient; et les complexes associatifs liés aux pleurs sont « masqués ». Ce n'est donc pas là la véritable récurrence associative. En revanche un phénomène que l'on peut nettement rattacher à la récurrence est celui qu'a cité M. H. Piéron (sans toutefois en formuler la loi): « Chez cet enfant, a-t-il écrit, l'odeur des fleurs provoquait les mouvements de succion, parce que sa nourrice avait généralement à son corsage un bouquet dont il aspirait les émanations en tétant (1). » Ici la dynamogénie a bien passé aux sensations *antérieures.*

Les facultés intellectuelles du jeune enfant se développent de la même façon que celles de l'animal, mais plus lentement. Tiedeman a montré qu'il est capable d'attention à l'âge de trois ans ; à huit ans, son cerveau est parfaitement développé et il est capable de réflexion. Comme chez les animaux, l'intelligence de l'enfant se manifeste d'abord en saillies fugitives; ce sont des espèces « d'éclairs psychiques » qui, une fois passés, le laissent sous l'empire de l'instinct pur.

Rien de plus caractéristique que la tension nerveuse et musculaire que détermine la pensée naissante chez l'enfant : « L'attention, dit M. Th. Ribot, contracte le frontal; ce muscle tire à lui le sourcil et détermine des rides transversales sur le front. Dans les cas extrêmes la bouche s'ouvre largement. Chez les enfants et chez beaucoup d'adultes, l'attention vive produit une protrusion des lèvres, une espèce de moue (2). »

Toutes les acquisitions mentales de l'enfant se font comme celles des animaux, par l'expérience. Il est très curieux de constater qu'il acquiert lentement la notion de sa personnalité physique et commence par parler de lui à la troisième personne (3). Il lui faut de nombreuses expériences pour se rendre compte de l'effet

(1) H. Piéron, *L'Évolution de la mémoire,* p. 307.
(2) Th. Ribot, *L'Attention.* F. Alcan, 1888.
(3) Kant a insisté sur ce fait.

d'une glace qui reproduit son image. Il doit, comme les singes, *apprendre* à se regarder.

Quelle pauvre chose semble être l'intelligence des animaux supérieurs quand on la compare à celle de l'homme! Et cependant ces abstractions dont nous sommes, à juste titre, si fiers, et qui, grâce à l'échange des notions acquises que permet le langage parlé et écrit, finissent par créer les hautes mathématiques et la métaphysique, apparaissent chez l'enfant sous la forme rudimentaire que l'on observe chez l'animal; et c'est l'expérience, l'expérience seule qui les développe ou mieux qui les détermine entièrement. Notions de substance, d'espace, de temps, de nombre, de causalité, tous les « principes directeurs de la « raison » sont le résultat de l'expérience. L'enfant ne naît pas avec l'idée d'espace, puisqu'il essaie de toucher de la main la lune et des corps éloignés; il ne conçoit le temps que peu à peu; et la notion de cause — Hume l'a démontré de façon lumineuse — n'est que celle de succession transformée, unie au concept de nécessité.

Nous n'avons pas à nous étendre sur la psychologie générale de l'enfant, à laquelle d'éminents spécialistes se sont consacrés, et, avant d'en venir aux questions pédagogiques nous dirons seulement un mot des ébauches artistiques des jeunes écoliers.

M. Van Rymberk en a fait une étude des plus intéressantes (1). 1° Dans une période de durée variable, les enfants s'amusent à faire des griffes sans avoir le but

(1) *Congrès de psychologie de Rome* (1905), p. 749.

de représenter quoi que ce soit. Cette période peut commencer déjà dans la première année. 2° La notion d'un rapport entre un signe graphique et une impression ou un souvenir visuel, se développe en moyenne dans la troisième année (1).

Ainsi c'est à peu près à la mentalité d'un enfant de 3 ou 4, ans que correspondent les dessins de singes dont nous avons parlé. M. Mendousse nous le faisait remarquer dans une communication à notre Institut (18 février 1911) : « Ces dessins de singes ressemblent de très près aux essais d'une fillette de quatre ans que j'ai eu l'occasion d'observer... Ils attestent chez vos sujets une aptitude aux combinaisons imaginatives ne différant qu'en degré de celle des enfants... »

La tendance à la simplification qu'a signalée notre confrère, M. de Pawslowsky, quand il a vu les dessins de nos singes, a été nettement remarquée chez l'enfant par M. Van Rynberk : « Parmi les innombrables griffes des 1788 feuillets de ma collection, il y en a qui sont absolument indéchiffrables ou dont il est difficile de définir le contenu. Ainsi, j'ai trouvé, par exemple, un petit cercle, qui suivant une note du maître d'école, doit représenter un puits, un carré, devant représenter un bain public, choses bien connues du petit artiste. Dans ce cas, on ne peut douter qu'il y ait là un fond de symbolisme (1). »

(1) *Loc. cit.*, p. 753.

CHAPITRE II

LES NOTIONS DE « RÉCOMPENSE » ET DE « CHATIMENT »

On se sert souvent très improprement, en parlant de dressage et d'éducation, des mots « récompense » et « châtiment », qui supposent la connaissance du mérite et du démérite, du devoir et de la faute ; il serait bien téméraire de prétendre qu'ils répondent à des notions existant clairement chez les animaux ou chez le jeune enfant. Qu'un animal agisse parce qu'il est attiré ou repoussé par une stimulation extérieure, cela ne prouve nullement qu'il *sait* que son devoir le force à obéir ; mais simplement que telle ou telle excitation détermine une réaction dans tel ou tel sens ; l'observation des résultats que l'on obtient précisément en administrant à titre de remède universel, un châtiment, montre qu'il n'atteint nullement le but qu'on se propose.

Supposez qu'un animal dressé, par une savante combinaison d'attractions (au moyen d'appâts) à exécuter un exercice en public, le manque. Si, par malheur, le dresseur ne dompte pas ses nerfs et administre une correction immédiate ou non, il embrouille tous les effets obtenus précédemment, fait dominer la peur et obtient un acculement complet. L'effet désiré est donc loin d'être obtenu !

Un chien a été dressé à rapporter des morceaux de carton portant des chiffres ; tout à coup il hésite, il paraît manifester un peu de mauvaise volonté. Le battez-vous ? Vous risquez de ne plus pouvoir l'utiliser par la suite ! Vous avez cru qu'il allait se dire : « On me bat, je suis coupable, je ferai mieux, etc... » C'est, il est vrai, le raisonnement qu'il se serait tenu, *s'il avait* conscience de son « devoir » d'acteur... mais il ne l'a nullement ; et c'est pourquoi, ne trouvant aucune indication utile dans la correction qu'il a reçue, il est devenu tout à fait impropre à ses tours. Et maintenant qu'un cheval, habitué à franchir une barrière, s'arrête devant elle au lieu de la franchir, que ferons-nous ? Faut-il le frapper ? Essayons... Nous donnons un coup de fouet et... le cheval saute ! Ce résultat infirme-t-il donc ce que nous venons de dire ? Nullement, puisque le coup de fouet constitue une reprise du dressage au saut de barrière, qui, au fond, n'est qu'une simple poursuite. De là la règle générale : quand un animal manque un exercice, ne lui administrez jamais une correction, pour frapper « sa conscience morale », mais reprenez son dressage, puisqu'il n'est pas suffisant. S'il s'agit d'un mouvement que l'on enseigne au fouet, servez-vous du fouet ; mais sans en user comme dans *une correction* ; faites-le sentir, et rien de plus. Il ne faut pas administrer une punition à l'animal fautif, puisqu'il ne sait pas ce que cela signifie ; mais le remettre dans la bonne voie, imprimer davantage ce qui n'avait pas laissé une trace suffisante. Et c'est ainsi qu'il est indiqué d'agir également pour assouplir l'en-l'enfant. Le « mettre au coin », le priver de dessert ou de nourriture s'il ne sait pas sa leçon et surtout le battre avec emportement est absurde ; mais il convient de le contraindre à rapprendre sa leçon en le stimulant directement dans ce sens *par les moyens déjà employés dans ce but.*

Un cas très différent de ceux que nous venons d'envisager est celui dans lequel, au lieu de manquer en quelque chose dans l'exécution d'un travail, l'animal ou le jeune enfant pèchent par excès de turbulence, ou, ce qui est bien plus grave, par des manifestations de révolte. Dans ce cas, on ne connaissait autrefois qu'un seul moyen de réagir: c'était l'emploi des verges... Le *Journal d'Hérouard*, médecin de Henri IV, contient de curieux renseignements relatifs aux corrections administrées au futur Louis XIII : « Éveillé à 8 heures. Il fait l'opiniâtre : fouetté pour la première fois — 22 décembre. Le roi s'en va. Il crie. Colère. Fouetté. — 4 mars 1604. A 11 heures il veut dîner. Le dîner apporté, il le fait ôter, puis rapporter. Fâcheux. Fouetté fort bien. Apaisé... » Ce système est toujours fort employé... quoi qu'on dise ! Le procédé des dérivations que nous employons au cours du dressage serait bien préférable. La dérivation consiste, comme le mot l'indique, à agir sur le sujet de façon à aiguiller brusquement ses réactions et ses impressions dans un nouveau sens. Il y a bien des sortes de dérivations : Avec les animaux très intelligents un bruit, la présentation d'un objet, orientent immédiatement l'attention dans une nouvelle direction. Un singe fait-il le méchant, un sifflet, un instrument qui donne les sons de la gamme vont le surprendre et le calmer. Voici, d'autre part, deux chiens qui ont une singulière manie. Ils habitent la même cage. A rentre le premier ; et dès que B veut pénétrer dans la cage, il se jette sur lui et le mord. Cette habitude est invétérée et devient dangereuse. Or, si l'on a soin de faire rentrer B en premier lieu, ou encore, si, A étant rentré, on pousse B à reculons dans son réduit, A ne bouge pas. Il n'y a plus de dispute : le complexe primitif est masqué. Essayez ce principe sur l'enfant : il donne des résultats semblables. Un enfant très intelligent est en colère contre moi, je lui présente un gâteau ; *il ne veut pas le prendre*, il le repousse ; il me bat de toutes ses forces. Si, alors, même pendant un cri, je lui appuie une bribe de gâteau sur les lèvres, *il la mange immédiatement* et sa colère est finie, les réflexes déterminés par le contact de la substance qui nourrit, sont immédiatement déterminés.

Qu'il s'agisse de rompre n'importe quelle habitude funeste, les procédés sont analogues : changez quelque chose dans les conditions extérieures.

..

Dans presque tous les cas qui se peuvent présenter au cours de l'éducation d'un jeune enfant, le maître (comme le dresseur) a le choix entre deux voies : le sujet retiendra ce qu'on prétend lui enseigner parce qu'il y rattachera une sensation affective ; mais cette sensation pourra être agréable ou désagréable et l'éducateur aura donc à adopter soit la méthode de la douceur comme attirante, soit la méthode forte comme impérative.

C'est par la prédominance du plaisir que l'on fait les bonnes éducations. Voyez ces petits chiens qui accourent joyeusement d'une coulisse sur les pattes de derrière : quelle obéissance joyeuse, quelle exactitude dans leurs exercices, comme ils ont l'air d'aller au-devant des désirs de leur maître qu'ils entourent gaîment ! Et regardez maintenant ces malheureux chiens qui rampent, la queue dans les jambes : « Viens ici ! » crie durement leur maître, l'animal hésite ; et s'il trouve une porte ouverte, en profite pour s'échapper. Il n'y a cependant entre ces troupes d' « artistes » qu'une différence dans le procédé d'éducation ; le premier des deux dresseurs mène ses élèves par l'attrait du plaisir, le second les pousse par la peur et si vous voyez ce dernier à l'ouvrage dans son officine, vous penserez au tableau du mauvais pédagogue tracé par Montaigne : « Arrivez-y sur le poinct de leur office, vous n'oyez que cris, et d'enfants suppliciez et de maistres

enyvrez de leur colère... » Il faudrait au contraire,
s'ingénier à créer autour de l'enfant une atmosphère
de gaîté et ne lui demander jamais qu'une obéissance
joyeuse. M. Ch. Richet a appelé le rire « l'exaltation
du sentiment de la vie ». C'est à coup sûr une très
juste et très belle définition.

Ce n'est pas assez que les locaux dans lesquels l'enfant grandit soient vastes, aérés et éclairés, il faudrait
qu'ils fussent *gais !* C'est l'idée de Rousseau :

« Il serait plus important, Monsieur, que vous ne
pensez, d'avoir une chambre raisonnable pour y faire
son étude et son séjour ordinaire; je tâcherais de la
lui rendre aimable par ce que je pourrais lui présenter
de plus riant, et ce serait déjà beaucoup de gagné que
d'obtenir qu'il se plût dans l'endroit où il doit étudier. » (Projet pour l'éducation des enfants de M. Bon-
not de Mably).

Le bon maître doit commencer par faire un large
crédit et supposer que l'élève a toutes les qualités :
« Bravo ! Bravo ! » s'écrient les dresseurs pour encou-
rager l'animal *avant* d'avoir obtenu de lui aucune
concession. Tout ce que nous avons dit de la *voix* de
celui qui instruit les bêtes s'applique aussi à celle du
pédagogue, qui doit être pénétré de l'importance de
ses *intonations* et savoir commander à ses propres impressions.

Se contenter de petits progrès, tolérer d'abord des
erreurs si, en revanche, quelques résultats sont obtenus, est de bonne politique. Il convient même, dès que
l'enfant retient une leçon, de faciliter ses succès en

supprimant des difficultés afin de lui donner l'encouragement de la réussite. Il y a surtout grande nécessité d'être clair, précis, de ne pas multiplier inutilement des ordres trop divers : « Si l'on fatiguait, écrivait Richter, un adulte de sermons et de condamnations, il ne pourrait parvenir à la véritable activité, ni à la liberté morale. Comment un faible enfant y arriverait-il en entendant dire à chaque pas : « Arrête ! Cours ! Cesse ! Fais cela ! Qu'est-ce autre chose que d'entasser semence sur semence ? Ainsi le champ peut devenir grenier, mais le grain y meurt sans rien produire. » Ni dans la sphère des instincts, ni dans celle de l'intelligence proprement dite, il ne faut montrer à l'enfant un « âpre chemin », une côte dure à gravir... On doit craindre de lui donner l'effroi des besognes qui semblent n'avoir point de fin ; il convient de lui ménager, chaque fois que cela est possible, la satisfaction d'avoir franchi un degré ; c'est à ce prix qu'il trouvera l'énergie d'en gravir un autre.

Sans gâteries exagérées, un maître arrive vite à être aimé de ses élèves. En effet, puisque, à mesure que l'instruction se confirme, l'enfant s'adapte de plus en plus intimement aux exigences du maître et éprouve une satisfaction chaque fois qu'il le contente, il finit par désirer lui être agréable ; lui *obéir devient donc un plaisir*. M. Latour a finement analysé, dans un livre récent (1), le passage de la soumission à l'amour :

(1) *Premiers principes d'une théorie générale des émotions.* F. Alcan.

« La non-exécution de la volonté du maître, le mal du
maître est le mal du serviteur ; l'exécution de la volonté du maître, le bien du maître, est l'absence de
mal pour le serviteur. Tout se passe déjà comme si le
serviteur aimait le maître... » Il en est de même pour
l'enfant.

CHAPITRE III

L'APPRENTISSAGE DE LA MORALE

Je ne crois pas que l'homme soit, comme on l'a dit :
« d'une perfectibilité infinie pour le mal » et « d'une
rétivité presque absolue pour le bien ». L'homme naissant n'est, avant toute éducation, ni bon, ni méchant;
mais il peut devenir l'un ou l'autre. Il faut créer autour de lui des « causes de bonté ». C'est à l'éducateur
de faire agir sur l'enfant des conditions extérieures
propres à l'orienter vers la bonté; et cela bien avant
de tenter de lui faire comprendre *ce qu'est la bonté ;*
il s'agit ici de plis d'habitude.

Pendant toute l'enfance, la morale n'est qu'une or-
thopédie très simple. « Le premier sentiment d'un
enfant est de s'aimer lui-même », a dit Rousseau. Il
agit en effet comme s'il pensait à s'assurer du bien-être
en mangeant, mais faire fonctionner ses organes de
nutrition n'est pas s'aimer... L'enfant commence par
aimer ce qui se mange. « Le second sentiment,
ajoute Rousseau, est d'aimer ceux qui l'approchent.

Les aime-t-il tous? Non certes! Il s'attache seulement à ceux qui lui sont agréables, c'est-à-dire surtout à ceux qui lui procurent des satisfactions gastronomiques. Un premier et très important classement des sensations représentatives se fait chez l'enfant. Il semble mettre d'un côté tout ce qui lui plaît, tout ce qui lui paraît bon ou beau. Il dira, à la file : « Toi gentil, toi sens bon, toi as bon goût, toi lavé, tu es un gros lapin... »; et « toi es sale, va-t'en, toi as des limaces, toi noir, toi es un loup... » On ne discerne dans ses premières phrases que des idées ayant rapport à l'appétit, au dégoût ou encore à la peur, que symbolise si fortement *le loup*, antique ennemi de l'espèce, et à l'amitié créée par les services gastronomiques. Plus tard il connaîtra une sorte d'amitié dérivée de l'amour; mais ses premières et ses plus importantes amitiés se rattachent certainement au souci de son estomac; c'est en les pratiquant que l'enfant fait son apprentissage sentimental.

Le mystère sexuel n'inquiète réellement l'enfant qu'à une époque où il sort du cadre de cet ouvrage; nous dirons cependant que les partisans de la coéducation pourraient trouver dans l'observation des animaux, des arguments en faveur de leur système. En effet, les chiens, les loups, les renards, etc... qui vivent dans les mêmes enclos que des femelles de leur espèce s'en préoccupent beaucoup moins que les sujets vivant ordinairement séparés et qui se trouvent exceptionnellement rapprochés d'individus du sexe opposé. Les fonctions de la génération, au lieu d'avoir en tout temps une tendance envahissante, comme cela se produit chez les animaux domestiques isolés, se trouvent ramenées aux limites naturelles. D'ailleurs, l'expérience de plus d'un pédagogue a montré qu'aucune curiosité malsaine ne se révèle chez les jeunes garçons et les fillettes élevés ensemble jusqu'à une dizaine d'années. Dans la coéducation bien comprise il n'y a aucune précocité dangereuse, aucun « préexercice » des fonctions de la génération. Évidemment, de prime abord, il ne paraît pas très juste de comparer ainsi l'animal adulte, dont les organes sont tous formés, avec l'enfant qui, lui, est encore physiquement incomplet; mais il faut ramener la question à la tendance sourde à l'aggravation du désir dont l'objet se dérobe. Un animal auquel vous tentez de retirer une proie, l'exige aussitôt infiniment plus âprement qu'un instant avant; un animal « se préoccupe » peu de la femelle qu'il n'a pas à conquérir ni à chercher, parce qu'elle existe auprès de lui, ses facultés ne se tournent pas dans cette direction; de même les tendances (plus ou moins faibles selon les tempéraments) de l'enfant au préexercice génésique avortent si on ne les aggrave pas par le mystère, par l'absence totale de l'objet.

On conçoit mal une éducation dans laquelle l'enfant n'aurait jamais aucun moyen de s'exercer à ses devoirs envers des individus de son sexe ou du sexe opposé au sien. Au point de vue de la morale sociale, les éducations particulières ne valent évidemment rien. Comment l'élève unique d'un précepteur peut-il ressentir la sympathie, la pitié ? « La pitié, a écrit

Schopenhauer, est ce fait étonnant, mystérieux, par lequel nous voyons la ligne de démarcation qui, aux yeux de la raison, sépare totalement un être d'un autre, s'effacer, et le non-moi devenir en quelque façon le moi. La pitié seule est la base réelle de toute libre justice et de toute vraie charité. » Il ne faut pas, pour faire naître ce sentiment, se fier entièrement à la nature, puisque, nous l'avons vu, les animaux sont capables de terribles cruautés comme de l'affection la plus réelle. Pour que l'enfant, aussi bien que l'animal, éprouvent ce sentiment admirable, il faut que l'un et l'autre aient d'abord *senti* le profit que peut leur procurer l'entr'aide. Il faut que la tolérance pour autrui leur ait valu du plaisir et qu'ils aient souffert de la tendance contraire. Le chemin du plaisir et de la douleur est la route « mystérieuse » où l'on passe pour acquérir ce « sentiment » qui grandira dans l'être vivant et entraînera chez l'homme, beaucoup plus tard, des idées.

Lorsqu'on cherche à déterminer l'altruisme, il convient de ménager également les intérêts de l'individu et ceux de la communauté. Nous insisterons sur cette question. C'est un axiome de zoologie pratique que l'on peut mettre dans une même cage des animaux égaux en force physique et en audace. Le moyen de les faire se respecter est d'égaliser leurs forces en stimulant les faibles ou les timides. De là la nécessité d'un traitement psychologique de la débilité morale. L'enfant le mieux doué aux points de vue intellectuel et physique serait incapable de faire profiter autrui de ses qualités si la timidité l'arrêtait dans ses démarches.

Peu importerait qu'il eût des idées personnelles s'il n'avait pas l'énergie de les mettre au jour et de les défendre. Il semble donc que le premier examen d'un écolier doit porter sur son émotivité et qu'avant de chercher à diriger un enfant vers la vie sociale et vers l'altruisme, il convient de se demander si tous les efforts que l'on tentera pour l'instruire ne seront pas rendus vains par sa *timidité*. De même que l'animal sauvage doit être apprivoisé si l'on veut qu'il soit apte à recevoir un dressage complet et à mettre au service de son dresseur des « facultés » ne subissant pas l'inhibition de la frayeur envahissante; l'enfant timide a besoin d'un apprivoisement. Il se trouve dans la situation d'un de ces faisans vénérés que l'on a essayé de lancer dans nos bois et qui ont tous disparu, exterminés, parce qu'ils n'avaient pas de moyens de défense contre les ennemis nouveaux qui surgissaient autour d'eux. Mais le remède que l'on propose pour l'animal est bon pour l'enfant. Il est possible de donner de l'audace aux bêtes qui en manquent; on fera de même vis-à-vis de l'enfant (1) ; les jeux d'adresse et de force seront ici le remède. Pour des raisons d'ordre pratique nous avons souvent laissé dans de grands enclos un certain nombre de chiens, de chacals, de loups, d'ours, etc... Tel sujet est-il timide, se laisse-t-il « rouler » ? on le fait sortir et on lui donne du cœur en lui imposant des exercices où il doit déployer de l'au-

---

(1) Il y a là, cela est évident, une question de constitution physique ; mais l'éducation peut beaucoup dans ce domaine pour rectifier la nature.

dace. Replacé plus tard parmi les autres, il se fait respecter. Cela profite du reste à toute la troupe. Il en résulte l'*ordre*. Ce n'est que quand l'animal ou l'enfant n'est pas ou n'est plus une victime qu'il peut ressentir les bons côtés de l'entr'aide et connaître jusqu'à un certain point la pitié. L'enfant cruel est, la plupart du temps, celui qui a reçu une éducation trop dure et qui, aigri dès le début, hostile, par conséquent, à tout ce qui l'entoure, est vite repoussé par ses camarades, ce qui fait de lui un insurgé.

L'affection pour les bêtes domestiques est une bonne école pour la jeunesse; et j'ai souvent constaté que les enfants qui aimaient les animaux manifestaient aussi de la sympathie pour leurs camarades (1). Les élevages d'insectes, d'oiseaux, etc., sont de nature à développer la sensibilité; et il est excellent d'en abandonner toute la responsabilité à l'enfant. Il apprendra ainsi qu'il doit des soins aux créatures qu'il affectionne et, s'il y manque, il trouvera dans la perte de ses élèves une sanction naturelle.

Les enfants paresseux sont, comme les bêtes paresseuses, des êtres souffrant physiquement ou seulement désorientés. Les premiers mis à part, on peut constater que dans les maisons d'éducation les enfants paresseux se répartissent en 3 catégories principales :

(1) Les hommes qui ont eu beaucoup à souffrir de leurs semblables et qui en sont arrivés à les détester se rabattent souvent sur les animaux et fournissent un important contingent aux Sociétés qui ont pour but de protéger les bêtes ; mais ceci ne prouve rien contre la thèse précédente.

celle des esprits très supérieurs, un peu incompris de leurs maîtres eux-mêmes, celle des natures trop sensibles, que l'ennui gagne loin de leur famille ; enfin celle des élèves très inférieurs qui ne comprennent rien à rien et qui, même, ne sentent guère. Le mal est invétéré chez ces derniers, en revanche la guérison des autres est facile, bien qu'elle demande du tact : *il faut leur montrer le plaisir se dégageant de l'action.*

Les anciens pédagogues ont compris l'importance des jeux des enfants ; mais ils ne les ont jamais considérés que comme des facteurs du développement physique. Sa valeur morale a cependant été signalée par Richter : « Le jeu, cet attribut de l'être libre, cette joie intime qui rend l'enfant accessible à tout, épanouit toutes les facultés naissantes comme les rayons du matin et donne de la force, tandis que la tristesse l'enlève... C'est une charmante légende que celle qui prétend que le poète Tasso n'a jamais pleuré dans son enfance. » Mais il y a jeu et jeu. Certains ne développent que les mus-c'est un excellent résultat, mais il serait infi-...nt désirable que l'on cultivât surtout *l'adresse.* parce qu'elle prépare à l'exercice de tous les métiers, et surtout parce qu'elle est *harmonieuse* et que tout ce qui participe du rythme, conduit à des notions d'ordre. La musique, la danse, simples, *naturelles,* constituent des exercices charmants et provoquent une saine joie. Richter a écrit à ce sujet une page bonne à relire : « Je ne sais si je dois plus détester les bals des enfants que vanter leurs danses. Que le père qui possède un vieux piano, un violon ou une flûte, réunisse ses enfants et leurs camarades pour les faire danser à leur guise. Dans l'enfant, la joie danse encore, tandis que dans l'homme elle sourit et pleure. L'homme fait n'a le droit d'exprimer dans la danse que la beauté de l'art, non ses impressions. Chez l'enfant, l'âme et le corps vivent encore dans l'harmonie et le corps saute pour accompagner l'âme heureuse. Il n'y a pas de meilleur exercice pour les enfants que la danse, cette poésie du corps qui ménage tous les muscles et les développe également. »

Tout ce qui est discordant, tout ce qui sonne faux doit être écarté de l'enfant. Rien ne trouble plus une éducation animale que l'introduction brutale dans le champ de l'attention de l'élève, d'excitations opposées entre elles. Rien ne trouble davantage l'enfant qu'un événement dû *au hasard;* il faut qu'il conçoive la vie comme une *harmonie.* Ce n'est qu'après lui avoir donné le goût du normal, de la clarté, de la continuité des phénomènes, que vous pourrez espérer lui faire comprendre que *le devoir* n'est, en somme, que le goût supérieur de l'ordre. Il ne faut guère espérer un pareil résultat avant l'âge de sept ans. Et c'est alors seulement que l'observation de La Bruyère s'applique : « Les enfants connaissent si c'est à tort ou avec raison qu'on les châtie et ne se gâtent pas moins par des peines mal ordonnées que par l'impunité. »

CHAPITRE IV

DE L'INSTRUCTION PROPREMENT DITE

Le but de l'instruction proprement dite est : 1° de créer des automatismes utiles non seulement musculaires, mais aussi psychiques et ayant toute la sûreté relative et la rapidité d'application propres à l'instinct ; 2° d'assouplir, à partir d'un certain âge, les « facultés intellectuelles », de rendre le cerveau humain apte à concevoir des choses nouvelles et à s'adapter aux nouveautés matérielles, c'est-à-dire à s'instruire par voie d'induction et à appliquer son savoir par voie de déduction.

A la base de la pédagogie, comme à celle du dressage, se trouve l'emploi de l'association des sensations et de la mémoire. Plus tard viendront les leçons de l'expérience personnelle et raisonnée dont les résultats pourront passer, par la répétition, du conscient à l'inconscient et créer, comme les associations simples, des automatismes (instincts secondaires), des simplifications stéréotypées, des algèbres, qui, dans tout le domaine scientifique faciliteront les applications des principes établis et, n'occupant pas le champ de la conscience, laisseront à l'intelligence la force d'aller plus loin, de faire porter ailleurs son effort.

Tel doit être, selon nous, un programme pédagogique; reste à voir comment les lois psychologiques permettent de le réaliser.

En donnant à chacun de ces mots leur sens spécial, on peut dire que « l'instruction » particulière est la meilleure et de beaucoup, tandis que « l'éducation » en commun, nous l'avons vu, est préférable à toute autre... Un maître qui ne s'occupe que d'un seul élève peut évidemment lui donner un plus grand nombre de connaissances que s'il occupait en même temps d'une vingtaine d'autres. Un dresseur habile qui ne s'occupe que d'un chien en fait souvent une merveille.

D'autre part, la difficulté considérable qu'il y a à habituer des animaux à « travailler » successivement au commandement de plusieurs personnes montre combien on gagne de temps en ne les changeant pas « de main ». L'instruction par un seul maître, tout au moins pendant les premières années, est donc préférable pour les élèves isolés comme pour les groupes. Ce système a d'ailleurs été adopté dans plus d'un établissement, surtout à l'étranger : « J'ai vu en Allemagne, a écrit M. Boutroux, un professeur très versé dans la philosophie de Kant, enseigner à la fois la danse, l'histoire naturelle et la musique. »

Le mot « dressage » employé en pédagogie, scandalise, je le sais, les idéalistes, qui ne tolèrent aucun rapprochement, même lointain, entre les divers chaînons de la série des êtres vivants — ce qui est se placer à un point de vue bien étroit. L'idée du dressage de l'enfant déplaît aussi à ceux qu'hypnotise le mot·« liberté » et qui voudraient accorder à l'esprit de l'enfant une latitude complète avant même qu'il soit capable de s'en servir sans danger. Cette querelle ne date pas, d'ailleurs, du jour où l'on a parlé de « dressage » humain. Les théoriciens de la pédagogie se font la guerre — et depuis fort longtemps — les uns tenant pour un enseignement ne reposant, au début, que sur la mémoire, ce qui équivaut plus ou moins au dressage simple par associations, les autres voulant que l'enfant raisonne sur toutes choses avant de rien apprendre. Rousseau, Kant, Pestalozzi, H. Spencer et beaucoup d'autres ont fait ce rêve. Ils ont espéré qu'un jeune élève, laissé libre de penser à peu près à sa guise et seulement stimulé par des indications vagues, parviendrait à « redécouvrir » toutes les connaissances humaines et à reconstruire logiquement les sciences en commençant par « réinventer » l'écriture (1). Ce qui semble une extravagance sans nom ! Comment ces pédagogues de l'école sentimentale ont-ils pu penser que l'enfant était capable de refaire en quelques années l'immense parcours qu'ont suivi les savants des générations successives pour créer la science humaine (2) ?

(1) Cette dernière idée est de Kant.
(2) « N'espérons pas, comme M. Spencer le suggère, dit

Quoi qu'on dise, la première instruction ne peut jamais être qu'un dressage; et mieux vaut faire profiter l'enfant de l'expérience acquise en instruisant les animaux que de lui faire subir un mauvais dressage comme le serinage *irrationnel* des anciens pédagogues, ou bien d'employer les procédés imprécis (faisant appel inutilement à des facultés encore endormies chez l'enfant) qui sont actuellement en honneur. Un bon dressage est une excellente discipline. Plus vite et mieux nos enfants auront subi ce premier traitement et plus vite arrivera pour eux le moment où, suffisamment armés de connaissances, ils pourront faire usage de leur raison et acquérir par ce canal des connaissances plus élevées. Nous l'avons constaté à propos des animaux : le dressage n'est jamais, au total, une diminution. Ceci est tout aussi vrai pour l'enfant. Nous pensons, comme M. le docteur G. Le Bon, que l'homme instruit doit pouvoir trouver en lui des réflexes organisés, inconscients, répondant aux nécessités de la vie; mais nous nous sommes demandé s'il était indispensable en visant l'inconscient, de passer d'abord, par le conscient. Même en dehors de l'éducation physique (enseignement de la tenue, du maintien, etc.) qui est, en tout point, un dressage; nous croyons que, dans l'enseignement des matières les plus simples, n'intéressant que la mémoire, il y aurait grand intérêt

très justement M. Compayré, qu'on puisse demander à l'enfant d'inventer la géométrie. Les Pascal sont rares et il n'est pas donné à tout le monde de pouvoir retrouver Euclide. » *Herbert Spencer et l'Éducation scientifique.*

à se rapprocher de la méthode la plus généralement employée pour instruire les animaux, celle qui consiste à déterminer des associations de sensations, sans utiliser l'intermédiaire de la conscience (de la conscience telle que l'entend M. Ed. Perrier, cité par M. le docteur Le Bon et telle que nous la comprenons nous-même, voir p. 81 de ce livre). Il y a des matières où, vraiment, le *magister dixit* me paraît indispensable. Il y faut suivre le maître uniquement *pour son témoignage;* et je ne vois pas l'intérêt qu'il y aurait à s'écarter ici des procédés dogmatiques. L'esprit d'examen ne serait en ces matières que le goût prématuré de l'indépendance et créerait l'insubordination. Quel raisonnement ferez-vous intervenir dans l'apprentissage de l'alphabet, de la numération, de la gamme, des dates d'un règne, d'une description géographique simple? La faculté arithmétique, l'imitation, l'aptitude à modeler, à dessiner, à peindre, à jouer, etc., demandent si peu de raisonnement, d'intelligence proprement dite, que des spécialistes les ont retrouvées et sous une forme extraordinairement développée, chez certains *idiots*. Le docteur Howe a publié des observations curieuses sur un idiot qui, incapable de parler avec suite, calculait merveilleusement bien. Étant donné l'âge d'une personne, il disait *instantanément* le nombre de minutes vécues par elle. Les faits de ce genre sont très nombreux.

Quelle que soit l'horreur que les modernes professent pour ce mot, il n'y a qu'un « serinage » dans l'enseignement des matières premières de toutes les sciences; et si les résultats pédagogiques que l'on obtient par cette voie sont souvent mauvais, c'est que le serinage est souvent mauvais, mal compris, détestable, moins logiquement appliqué que celui des empiriques faisant sauter des caniches ! Lorsqu'on dresse un animal on n'oublie pas, du moins, de créer des associations qui se graveront dans la mémoire surtout parce qu'elles sont attrayantes; et l'on voudrait que l'enfant retînt des mots simplement parce qu'on les lui répète à satiété !

*
* *

L'importance du jeu, si grande en matière d'éducation morale — nous avons essayé de l'indiquer — est aussi considérable dans l'instruction proprement dite. Les premières classes devraient être des espèces de gymnases, de halls d'amusement, où l'enfant pourrait courir, sauter, jeter des objets, se livrer à des exercices d'adresse, exercer ses sens et prendre connaissance des objets extérieurs et de son moi physique. D'ailleurs, *ne le voudrait-on pas*, le jeune enfant introduit toujours des jeux dans les études qu'on lui impose. C'est une grave erreur que de vouloir les supprimer radicalement; mais il est clair qu'il faut les diriger : « Lorsqu'un enfant apprend à écrire, fait remarquer Lewes, il lui est impossible de remuer sa main toute seule; il fait mouvoir aussi sa langue, les muscles de sa face et même son pied. Avec le temps il en vient à supprimer les mouvements inutiles... Par l'exercice les mouvements appropriés se fixent à l'exclusion des autres. »

Quelques éducateurs ont conseillé d'employer des impressions tactiles et musculaires en faisant suivre par les écoliers le contour de lettres en relief (ce qui est une espèce de jeu). Pendant cet examen tactile on appelle leur attention sur la forme de la lettre; on les invite à la regarder. Et, bientôt, on constate qu'ils la connaissent bien. Ce procédé est plus rapide assurément que l'enseignement purement visuel; l'enfant est entraîné sans fatigue à l'étude; son apprentissage n'a rien de pénible parce qu'il est inconscient.

On n'imagine pas combien l'adresse du très jeune enfant pourrait être développée et servir à la formation de ses idées. A la suite d'une enquête nous avons constaté qu'un bébé de deux ans et demi peut exécuter tous les exercices du chimpanzé cycliste dont nous avons parlé dans un précédent chapitre. Un bambin de 28 mois nous a été signalé à ce point de vue. Élevé dans la salle publique d'un petit café de la banlieue parisienne et encouragé par une foule de clients, il avait appris des exercices vraiment miraculeux. Nous l'avons vu conduire avec une rapidité extraordinaire un vélocipède au milieu d'un dédale de chaises, sans jamais en toucher aucune. Je ne dirai pas que son éducation était très édifiante, le milieu ne le permettait pas, mais il savait énormément de choses et était d'une intelligence remarquable que j'attribue à ses jeux, à l'exercice quotidien de ses muscles et de ce jugement rudimentaire qu'exige le maniement d'une machine.

.
. .

Il serait désirable d'esquisser, dès les premières
années, toute l'instruction que devra recevoir l'enfant;
c'est-à-dire de lui faire faire quelques pas dans chacune
des directions de l'esprit. C'est ainsi que l'on comprend
l'éducation animale lorsqu'on indique sommairement,
dès les premiers temps du dressage, ce que devra être
le « numéro » terminé. Les pédagogues ont bien senti
par l'expérience qu'il est important de créer ainsi un
cadre général dans lequel on fait peu à peu rentre
toutes les acquisitions de la mémoire et de l'intelligence; mais ce principe ne laisse pas d'être discuté :
M. Delacaze-Duthiers écrivait, en 1882 : « On pense à
tort, il me semble (et cette idée a dû revenir à chaque
instant dans la rédaction des programmes) que faire
reprendre à plusieurs reprises les mêmes sujets
d'études en les développant à chaque fois un peu plus
est un moyen assuré de mieux faire pénétrer la connaissance des matières dans l'esprit des jeunes gens.
C'est là une erreur... Le même sujet revu et mal étudié
une première fois est encore plus mal appris une
seconde, une troisième par les élèves ordinaires (1). »
Nous professons l'opinion opposée, en nous basant sur
une longue expérience du dressage.

Dans toutes les branches de l'instruction ; et princi-
palement au début, il convient de tenir compte scru-

(1) *Revue scientifique*, juillet 1882.

puleusement de la loi de récurrence et d'introduire un
élément affectif dans les complexes de sensations :
« Cette chose que tu aimes, tu me la demanderas en
allemand, en anglais. Tu auras ceci ou cela, oui, mais
rappelle-moi auparavant ce que tu sais de Charle-
magne »...

M. le docteur Le Bon a donné dans sa *Psychologie de
l'éducation* une méthode permettant d'apprendre très
rapidement les langues anciennes ou modernes « sans
grammaire, sans dictionnaire et presque sans travail »... A supposer qu'il s'agisse, par exemple de
l'anglais, on choisira des auteurs très captivants et on
lira sur une traduction juxtalinéaire, d'abord une
ligne d'anglais, puis une ligne de français et l'on
répétera la même opération jusqu'à ce qu'on puisse
comprendre la ligne anglaise sans regarder le texte
français. M. le docteur Le Bon raconte comment lui-
même apprit l'anglais de cette façon. Or quelle est la
différence tranchée entre le procédé proposé et le procédé classique? C'est qu'ici intervient une sensation
affective, l'attrait du texte, et que le mot à retenir (la
sensation représentative) est toujours fourni *avant la
découverte agréable du sens qu'il a*. On ne craint pas
ici de jeter à l'enfant le mot, sans lui en donner le
sens, absolument comme on commence à dire *apporte*
à un chien *avant* de l'avoir dressé à rapporter. L'excel-
lence de cette méthode provient de ce qu'elle fait
appel à la plus générale et à la plus simple des « facultés » psychiques : l'association par récurrence. Au
contraire la méthode classique consiste, surtout au

début, à faire traduire en langue étrangère des phrases françaises *sans intérêt pour l'élève* et à donner le mot nouveau à retenir *après* celui que l'élève connaît; ce qui est demander l'association la plus difficile.

.\. .

L'étude de l'intelligence chez les animaux nous à montré le grand intérêt des « leçons de choses »; mais ce point n'avait pas besoin, semble-t-il, d'une démonstration nouvelle. C'est bien de façon empirique, en présence des objets et non de leurs signes, que l'intelligence s'exerce ou plutôt naît, se forme. Et pour attirer l'attention sur les choses, il faut les animer, les faire vivre, les montrer utiles, agréables à l'enfant. Ce programme est déjà réalisé, semble-t-il, au *Musée des enfants* de Brooklyn : « La présentation des objets, dit *The Library Journal*, y est faite d'après les règles suivantes : « 1° on réunit surtout des objets attrayants, intéressant les enfants et de nature à aider les professeurs dans l'enseignement des diverses branches de l'histoire naturelle; 2° on choisit un groupement agréable à l'œil et en même temps conforme à la réalité; 3° on évite la confusion en faisant usage de spécimens limités; 4° on annexe aux objets des descriptions brèves, rédigées en style simple et imprimées en caractères faciles à lire. La salle la plus attrayante pour les jeunes enfants est la salle d'histoire nationale. On y a représenté l'histoire américaine depuis ses origines, non seulement par des cartes et des tableaux historiques, mais aussi par des modèles d'habitations, des figures habillées, etc. Un membre du musée a réalisé adroitement l'idée de représenter par des figurines différentes, revêtues des costumes de l'époque, les premiers types coloniaux : espagnols, français, néerlandais, le colon de la Nouvelle-Angleterre, les quakers, etc. »

La formation des idées personnelles est impossible sans une indépendance relative. Il faut que l'enfant, après la période de « dressage » pendant laquelle il a acquis les premiers rudiments de tout savoir, jouisse d'une liberté sagement limitée. Il faut qu'il sache rentrer en lui-même ; et pour cela, il convient de ne pas le soumettre à une surveillance de tous les instants : « L'oiseau dont on coupe le bout des ailes, écrivait M. A. Coutaud, n'est plus bon qu'à mettre en cage, dans son propre intérêt : c'est un animal quelconque, il marche, il rampe, tandis qu'il se sent fait pour voler et planer, il a la nostalgie de l'espace. De même l'enfant que l'on a trop assujetti aux « chordes » risque fort de tromper les espérances que ses maîtres ont placées en lui (1). » Comment prendre connaissance de son « moi » sous la surveillance constante d'autrui ? Je sais qu'un peu plus tard l'isolement, qui prête à la rêverie, aurait ses dangers ; mais il faut savoir tempérer la rigueur de l'espèce de captivité où l'on tient le jeune être humain. A partir de neuf ou dix ans, commence en effet l'œuvre opposée en quelque sorte au dressage et qui consiste à développer la personnalité de l'enfant.

(1) A. Contaud, *La Pédagogie de Rabelais.*

CONCLUSION

La conclusion d'un livre comme celui-ci — dans lequel on a tenté d'exposer les grandes lignes d'une science qui vient de naître : celle de *l'éducation comparée* — ne peut être qu'un appel aux chercheurs de bonne volonté. L'étude expérimentale des animaux et et de l'enfant offre un champ immense à explorer et et qui tentera la jeune énergie des savants de demain. On éprouve en l'abordant, l'impression de rencontrer, enfin, un terrain solide après avoir erré si longtemps à travers le dédale des théories imprécises, basées sur des idées *à priori*.

Nous ne chercherons pas, en terminant cet essai à résumer un travail qui n'est déjà qu'un très succinct résumé ; nous insisterons seulement sur deux points.

Nos idées relatives au premier ont été singulièrement travesties. Dans cet ouvrage, comme dans d'autres publications, nous avons cherché à démontrer que les phénomènes psychiques propres à l'enfant ne présentent pas de différence *de nature* avec ceux propres aux animaux supérieurs; mais contrairement à ce que

certains auteurs ont affirmé, nous n'avons nullement
tenté d'établir la généalogie psychologique des êtres
vivants dans le tableau publié en tête de notre *Examen
psychologique des animaux* (1900). Il n'y est question
que des animaux *actuels;* et si l'on peut assurément
faire un relevé de leurs caractères différents, psycho-
logiquement parlant, on ne peut chercher parmi eux
les maillons d'une chaîne continue. En effet, les espèces
vivant actuellement constituent les points extrêmes de
différentes lignes d'évolution..... Ce sont des considérations qui ont échappé à M. G. Bohn quand il écrivit
dans *La Nouvelle psychologie animale :* « Il y a des auteurs qui sont arrivés à considérer le dressage comme la
pierre de touche de la psychologie animale, et en s'en
servant, sont arrivés à cette conclusion étrange : l'intelligence de l'araignée serait *intermédiaire* entre celle
du cheval et celle du chat, » M. G. Bohn, qui nous vise
dans cette phrase, n'a pas lu le titre de notre tableau;
il aurait constaté, s'il l'avait fait, qu'il s'agit là d'un
« Projet de classification de quelques espèces animales
d'après leurs facultés psychiques *actuelles* » ; le mot
actuelles est souligné et indique bien nettement que
c'est là un simple classement au point de vue statique.
Et à supposer que l'on voulût y superposer un tracé
phylogénétique, une sorte d'arbre généalogique, est-ce
en réunissant par une ligne, comme le fait M. Bohn, les
extrémités des branches de l'arbre que l'on indiquerait
l'enchaînement des espèces ? Une telle ligne ne pourrait rencontrer que des êtres profondément différenciés
(comme l'araignée, le cheval et le chat) ! Lorsqu'on con-

sidère un arbre vivant, peut-on dire que les dérniers rameaux, qui tirent leur subsistance de la terre à travers tant de bifurcations, sont dans le prolongement les uns des autres ? C'est cependant en envisageant ainsi la question que M. Bohn arrive à nous faire dire que l'intelligence de l'araignée est « intermédiaire entre celle du cheval et celle du chat » !

Sans doute il était assez audacieux de tenter de tracer, il y a douze ans, alors que personne, en France, ne s'intéressait à la psychologie expérimentale des animaux, le tableau auquel M. G. Bohn a fait allusion. Il est, à coup sûr, bien incomplet ! Nous n'aurions cependant, aujourd'hui, qu'à le compléter sans en effacer les grandes divisions.

Le second point sur lequel nous voulons revenir est d'ordre pédagogique.

Nous avons demandé que l'on appliquât au jeune enfant, une sorte de « dressage », une discipline ferme; il ne faut pas toutefois que les mots nous abusent. Nous n'entendons pas aller plus loin dans ce sens que beaucoup d'auteurs, par exemple M. G. Hanotaux qui a écrit : « Pendant les cinq premières années, il faut une grande méthode, de la clarté, une bonne direction, des notions simples, en un mot tout ce qui peut donner à l'âme *son pli...* » Nous avons seulement tenté de préciser les moyens de donner à l'âme ce *pli*.

Les grandes lois du psychisme étant les mêmes pour l'enfant et pour l'animal, il semble logique d'instruire le *jeune* enfant en employant les moyens que le dressage des animaux a montrés efficaces, et particulièrement de soumettre la pédagogie aux exigences de la *loi de récurrence*. Il est bon de remarquer qu'en préconisant cette méthode, nous avons été amené, d'une part à lutter contre l'application de peines que l'enfant en bas âge ne comprend pas encore et, d'autre part à recommander des principes plus doux non seulement que ceux des anciens pédagogues, mais aussi que ceux les plus communément appliqués à notre époque. Nous avons reconnu une grande importance à la gaîté, aux jeux, et nous avons nettement spécifié la nécessité de faire suivre l'enregistrement par la mémoire des matières brutes constituant les connaissances élémentaires, d'un emploi très large de la méthode de l'induction, de la « redécouverte » qui, seule, apprend à raisonner.

TABLE DES MATIÈRES

LIVRE II. — **L'ENFANT**

CHAPITRE II. — LES NOTIONS DE « RÉCOMPENSE »
ET DE « CHATIMENT ».

CHAPITRE III. — L'APPRENTISSAGE DE LA MORALE.

CHAPITRE IV. — DE L'INSTRUCTION PROPREMENT DITE.

CONCLUSION

3470. — Tours, Imprimerie E. ARRAULT et Cⁱᵉ.

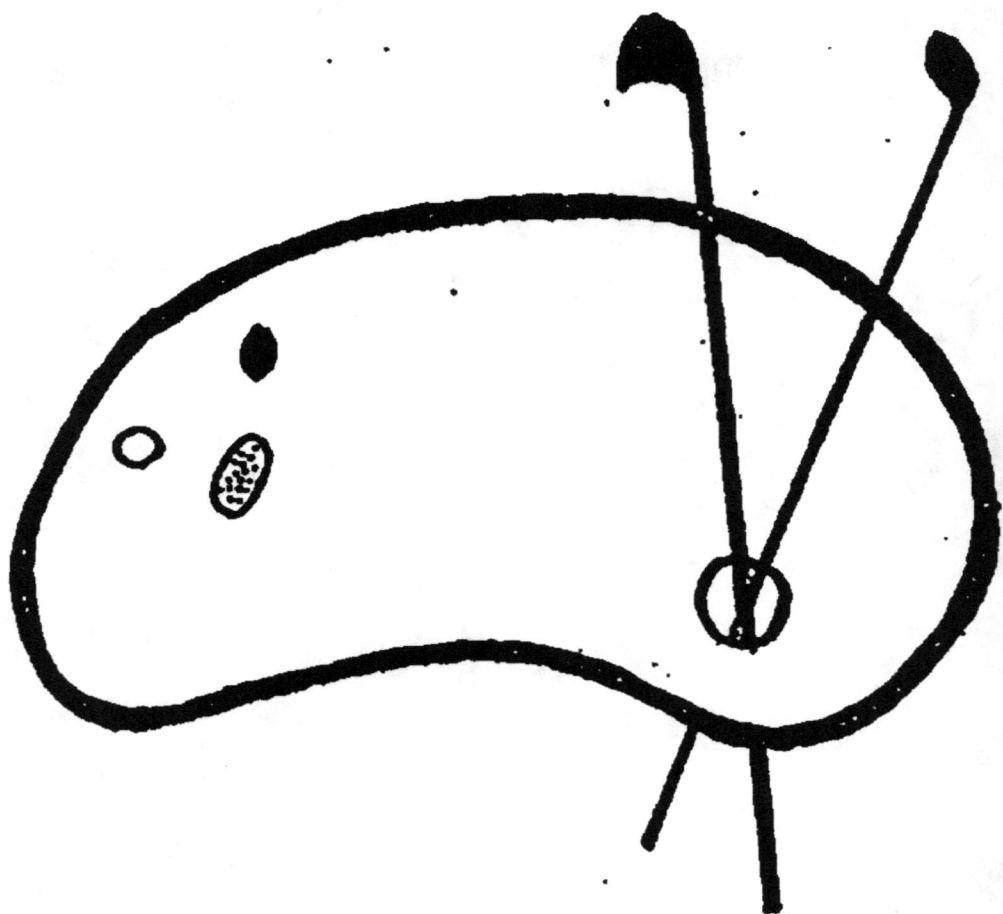

ORIGINAL EN COULEUR
NF Z 43-120-8